PARIS IMPREVU

PARIS IMPREVU

JOE FRIEDMAN

Photographies: Jérome Darblay

Traduction: Odile Laversanne

Flammarion

À ma mère, qui m'a transmis
son amour pour Paris.

Titre de l'ouvrage original : *Inside Paris*
Publié par Phaidon Press Ltd., Oxford, Grande-Bretagne

ISBN : 2-08-201845-8
Numéro d'édition : 0118
Dépôt légal : novembre 1989
Photocomposition : SCCM (Paris)
Imprimé en Grande-Bretagne
Direction artistique : James Campus
Maquette de couverture : Arbook International

Page de faux titre
MUSÉE DES ARTS DÉCORATIFS
(Salle de bains de Jeanne Lanvin)
Cette somptueuse salle de bains faisait partie des appartements — situés rue Barbet-de-Jouy — conçus dans les années 1920 par Armand Rateau pour la célèbre couturière Jeanne Lanvin. Lorsque la maison fut démolie en 1965, les appartements furent démontés puis reconstitués et offerts au musée des Arts décoratifs par le gendre de Jeanne Lanvin, le prince de Polignac.

Frontispice
HÔTEL DE BOURRIENNE
La décoration intérieure néo-classique de l'hôtel de Bourrienne est restée pratiquement inchangée depuis le début du XIXe siècle mais son état de délabrement actuel l'assimile de près aux ruines romaines qui l'ont inspirée.

Page de titre
CARREFOUR BOUCHEZ
Des angelots en goguette forment le décor du plafond de cette brasserie Art Nouveau, construite aux alentours de 1900.

SOMMAIRE

REMERCIEMENTS

Je tiens tout d'abord à remercier les membres de l'équipe qui m'ont aidé à réaliser cet ouvrage. Jérôme Darblay mérite la première place pour ses superbes photographies. Charlotte de Jessé fut l'assistante parfaite, dévouée, efficace, capable, par sa gentillesse, de se faire ouvrir n'importe quelle porte. James Campus a effectué, une fois encore, un merveilleux travail de conception, et supporté avec brio les changements de dernière minute et les légendes plus longues que prévu.

Je n'aurais pu mener ce travail à son terme sans les encouragements constants de mon agent, Xandra Hardie, qui traite ses auteurs avec une infinie délicatesse et ne montre jamais son impatience. Je tiens aussi à remercier mon éditeur, Phaidon Press, et plus spécialement Deirdre Headon, Roger Sears, et Sally Dunsmore. Auprès de mes éditeurs français, Flammarion, j'ai rencontré gentillesse et courtoisie, et je remercie tout particulièrement Ghislaine Bavoillot et Claire Desserrey, Béatrice Le Guay, Brigitte Benderitter, Pierre-Antoine Dupuy et Nelly Lagro.

Je suis aussi très reconnaissant à Jean-Pierre Babelon et Bernard de Montgolfier, qui surent apporter des réponses précises aux questions vagues que je leur posai sur le Moyen Âge et la Renaissance ; à Barry Bergdoll, pour ses inépuisables connaissances en matière d'histoire de l'architecture française ; à Vincent Bouvet, dont les suggestions me furent très utiles et dont les remarques pertinentes stimulèrent mon imagination ; et à François Baudot, dont les connaissances sur la décoration d'intérieur française du XXe siècle sont remarquables, et qui a généreusement accepté de m'en faire bénéficier.

Ce livre n'aurait pas vu le jour sans la collaboration généreuse de Mme Brugeaud du ministère de la Culture, et il aurait sans doute rencontré de sérieuses difficultés sans l'intervention de Patrice de Voguë.

Olivier Saillant s'est montré d'une parfaite disponibilité pour résoudre les problèmes techniques et Christophe Delamure nous a fourni une aide précieuse en rassemblant les informations nécessaires à la rédaction du répertoire. De mes amis j'ai reçu un soutien constant, mais aussi de précieuses recommandations et surtout le plaisir de leur compagnie lorsque je partais en reconnaissance des lieux. Je tiens à remercier Bridget Strevens Romer et Toto, Barbara Bray, Laure Darblay et Scoop, Alice Brinton, Catherine Healey, Louis Cutner, Alison Harris, David Downie, Alan Perry et Jorge Zelaya ; un grand merci enfin à cet étrange anticyclone qui, au cœur de l'hiver, nous a fait don de ciels bleus, éclairés d'un soleil radieux comme les photographes rêvent d'en rencontrer en plein été.

Je voudrais aussi exprimer ma profonde gratitude à tous ceux qui m'ont permis de pénétrer dans leur maison ou sur leur lieu de travail, et dont l'hospitalité fut essentielle à la réalisation de ce livre : Joseph Alexandre, Jean-Marie Amartin, le comte Amédée d'Andigné, Henri-François Andriveau, Pierre Anglade, Joelle Arbousse-Bastide, Catherine Bachellerie, Thierry Balesdent, Paul Bardin, Réjane Bargielle, François Barraud, Sophie Boudin, Jérôme Bédier, Jean-Paul Belmondo, François Berce, Véronique Bérecz, Henri Berguerand, Sophie Berluet, Gérard Bigourden, Marc Bodin, Marie-Thérèse Bonnaz, Lily Book, François Boucher, Colette Bouchez, Mme Bouchez, Augustin de la Bouillerie, François Boulard, Chedly Boussaïd, Jeanne Boussemart, Réjane Boutet, Marianne Boyone, Jean-François Brégy, Anne-Marie de Brem, Odette Bresson, Véronique Brown, Yvonne Brunhammer, Chantal Buigues, Christine Bulau, Joël Cabardos, André Cador, Patrice Cahart, André Camboulas, Corinne Camby, Robert Capia, Mme Cardinet, Jean-Pierre Caricchio, Suzanne Youd Caron, Xavier Castaing, Monique Castelain, Xavier de Cathelineau, Thérèse Chardar, Flore Chardenoux, Paul Charlemagne, Christine Chasselade, Elizabeth Chasseray, Jean-Pierre Chauvet, Philippe Chazal, Gérard Chevalier, Pierre Chieze, Marie-Louise de Clermont-Tonnerre, Philippe Codant, Claude Comiti, Véronique Coqué, Laurent Cornaz, le général Charles de Cossé-Brissac, Michel Dané, Sylvie Danon, Jean-Marie Darnis, Michèle Delormo, Christiane Demeulenaera, Dominique Deschamps, Robert Devé, Marie-Renée van Droo, Mireille Dubois, Michel Dubosc, Jacqueline Dubray, Nathalie Duhamel, François Duluc, Gilbert Dumas, Francis Dupin, Sonia Edard, Marie Edelman, Monique Emery, Jacques Egurreguy, Henri Escobio, Claude Fabry, Arlette Facchinetti, Jocelyne Faget, Joseph Farran, Myriam Fauduet, M. Feigner, H. E. sir Ewen Ferguson, Alfred Fierro, Michel Foisel, Luigi Fontana-Giusti, Jean Fossoyeux, Georges Fréchet, Edouard Frédéric-Dupont, Eric de Fretin, Jacques Garcia, Jean-Claude Garreta, Pierre Gasnault, Philippe Génot, Edith George, Christine Ginestet, Carole Girard, Nicole Girard, Sylvie Gohel, Szczepan Goralski, Sophie Grossien, Mme Gryner, Daniel Guérin, André Guilbert, Gérard Guillaume, André Guinle, Yvonne Hadfield, Parker F. Hallberg, Marie Hamon, Jean-Luc Hascöet, René Hascöet, Anne-Marie Helleisen, François Hélie, Elizabeth de Henzel, Christian Hérault, Daniel Hourdry, Robert Hugon, Alexandre Iliescu, François Jacquier, Jean-François Jarrige, Jean Jengère, Karl Jetter, Katia Joski, Fabienne Joubert, Marie-Louise de Jouvencel, Abdel Kader, Geneviève Lacambre, le médecin généraliste Guy Lagrave, Hervé de Laitre, Vincent Laloux, Monique Lambert, Bernard Lang, Anick Lanoë, Pierre Lariguet, Bernard Larrousse, Jean Laurent, Guy Laurette, Jean Luc Lavau, Patrice Leconte, Dominique Legros, Anne-Claude Lelieur, André Lemaire, Jean-François Lemaire, René Lemaire, Wulf Liebau, Jean-François Llana, Jean-Marie Lormont, André Lossignol, Guennadi Loutaï, Umberto Lucchesi-Palli, Alain Le Véel, Pierre-Henri Machioni, M. Malaise, le comte Jean-Louis de Maigret, Jean-Claude Mandin, Hélène de Mare, le général Marry, Haydée Martine, Jacques Mathirat, Henri Maurel, Alain Maurois, André et Georges Menut, André Mercier, André Meyrie, Françoise Monié, Robert Montagut, Monique Montivier, Guy de Montrichard, Libby Morgan, Jacqueline Morin, Véronique Moulin, Arlette Mounier, l'adjudant-chef Mouscardes, Véronique Nansenet, Sixtine de Naurois, Rebecca Navick, Serge Nereyou, Dominique Nicolas, Pierre Nore, Tina Pacheco, Jean-Daniel Pariset, Fanny Pascal, Sylvie Patine, Marguerite Pélissié, Annie Perrault, Hélène Perrin, Michel-Jacques Perrochon, Jean Petin, Judith Petit, Olivier Philip, Florence Piguet, Sonja Pillet, Michel Plainex, Thierry Potier, Raymond Pouget, M. Prévost, Zana Rachedi, Christian Rapin, Catherine Rein, Marie-Christine Renaud, Denise Reybel, Jean-Pierre Richard, Michel Richard, Colette Robiquet, Isabelle de Rocca, Luc Roger, Brigitte Roset, Martine Rossignol, Anne Roubaudi, Jacques Roullet, Mme Roussel, feu Jean-Michel Rouzière, Henri Royer, Béatrice Ruggieri, André de Sambucy, Christian Schmidt, Christiane Schmidt, Daniel Schmidt, Michèle Schneider, Josy Schneider, Kim Schou, Dominique Sebban, Alain Senderens, Michel-Régis Ralon, la comtesse de Talhouet, Philippe Taquet, François Thomas, Daniel Touboul, Evelyne Tréhin, Walter von Tschirschky, Nicole Vaillant, Dominique Valine-Ramadier, Michel Vandermeersch, Marie-Thérèse Varlamoff, Bernard Védrines, H. E. Jomkheer, Maximilien Veglelin van Claerbergen, Liliane Velfch, Marc Vellay, Soisick Videau, le commandant Vigier, Jacques Vilain, Chantal Vitte, Dominique Wargnier, Sylvie Watelet, Michel Weiss, Jean Willesme, Michel Yvon, Marian Zaleski, Dany Zana, Jean-Claude Zugolaro.

INTRODUCTION

Lorsqu'un éditeur vous propose de vous rendre à Paris pour rédiger un ouvrage sur les intérieurs anciens les plus remarquables de la capitale, sans hésiter vous dites « oui », et quelques jours plus tard, vous vous réveillez en pleine nuit, surpris de vous entendre crier « non ! ». Paradoxalement, ce qui rend la tâche ardue est qu'il est très simple de trouver des lieux dignes d'intérêt. La véritable difficulté est de choisir.

Paris est la capitale de la mode, et par essence, la mode est changeante ; pourtant, en matière d'architecture, peu de villes se sont montrées aussi respectueuses de leur passé. Les statistiques peuvent être ennuyeuses, je n'en citerai donc qu'une seule : Paris ne compte pas moins de cent douze magasins inscrits à l'inventaire des Monuments historiques. Ce chiffre nous indique avec quel sérieux les Français envisagent la conservation de leur patrimoine, mais il révèle également la diversité et la richesse architecturales de cette ville. Lorsque j'appris à certains collègues parisiens que j'écrivais un livre sur les intérieurs d'époque de la capitale, tous ou presque me demandèrent : « Mais quelle époque ? Quel genre d'intérieurs ? » Lorsque je répondais que je recherchais des intérieurs de tous genres et de toutes époques, ils haussaient les épaules ou riaient sous cape, et me souhaitaient bonne chance, persuadés, sans aucun doute, d'avoir affaire à un Anglais excentrique embarqué pour une mission impossible, dont il ne verrait jamais l'aboutissement.

Je ne chercherai pas à me justifier. *Paris imprévu* n'est pas une étude exhaustive sur les bâtiments historiques de la ville, et encore moins une présentation illustrée de la décoration française d'intérieur. Comme son prédécesseur, *Londres imprévu,* ce livre est le portrait d'une ville vue sous un angle nouveau, et j'espère méconnu. J'ai effectué un choix minutieux, afin d'offrir au lecteur un éventail représentatif des différents styles qui m'ont séduit. Pour chaque intérieur inclus dans cet ouvrage, j'en ai visité quatre, voire cinq ; mais au bout du compte, ce portrait obéit aux règles du genre : il est partial, personnel et sélectif.

Pour faciliter le travail de sélection, je m'imposai, au départ, un certain nombre de critères, ceux-là mêmes qui m'avaient guidés pour écrire *Londres imprévu.* J'avoue ne pas les avoir suivis à la lettre. Tout d'abord, j'éliminai les lieux de culte. L'architecture religieuse est un sujet si important qu'on ne peut le traiter sans beaucoup d'égards, et pour des raisons que je ne m'explique guère moi-même, je ne souhaitais pas mêler profane et sacré. Sans doute est-il dommage d'avoir laissé de côté Notre-Dame et la Sainte-Chapelle, sans parler de la mosquée de Paris et de la remarquable synagogue Art Nouveau située au cœur du Marais. En revanche, ce parti pris m'a permis de consacrer plus de pages à d'autres types d'édifices. Deux fois seulement, j'ai cédé à la tentation : une première fois en présentant la crypte néo-romane de l'Institut Pasteur (page 66), et une deuxième en signalant la chapelle miniature néo-gothique du Palais-Royal, construite au milieu du XIXe siècle pour le prince Napoléon et sa jeune femme Marie-Clothilde de Savoie (page 111). Cependant, dans la mesure où le premier de ces lieux est davantage un monument élevé à la gloire de la science qu'à la gloire de Dieu, et où le second sert aujourd'hui de placard à balais, j'ose espérer qu'on me pardonnera ces incartades.

Tant de livres ont été publiés sur Paris que la seule excuse valable pour en écrire un autre est de proposer du nouveau. Pour ce faire, j'ai tenu à présenter des intérieurs peu connus du grand public. Certains sont reproduits ici pour la toute première fois. Mais si je m'étais limité au Paris obscur et ignoré, j'aurais privé le lecteur du plaisir de pénétrer dans plusieurs des édifices les plus somptueux de la capitale. Je pouvais difficilement, dans le chapitre consacré aux banques et aux immeubles de bureaux, passer sous silence la somptueuse Galerie Dorée de la Banque de France (page 88), et dans celui qui regroupe les bâtiments publics et administratifs, il eût été impardonnable d'omettre l'Hôtel de Ville (page 113). Mais lorsqu'il m'est arrivé de sélectionner un lieu célèbre, je me suis attaché à le présenter sous un jour nouveau. Dans le palais de l'Élysée, par exemple, j'ai dédaigné les splendeurs des salles de réception, et choisi de photographier deux intérieurs que peu de visiteurs ont la chance de visiter : l'ancienne salle de bains de l'impératrice Eugénie et un boudoir intime, au décor argenté, dessiné à l'origine pour Caroline Murat, sœur de Napoléon (page 114). De même, pour l'Opéra de Paris, j'ai décidé de photographier le célèbre hall d'entrée, non pas de l'entrée ou des galeries, mais depuis le pied de l'escalier menant au sous-sol, où très peu de gens s'aventurent. C'est l'un des pompiers attachés à l'établissement qui avait appelé mon attention sur ce point de vue, le plus intéressant selon lui. Je dus reconnaître qu'il avait raison.

Paris imprévu se veut un ouvrage à la fois utile et agréable à lire ; non pas un simple livre d'images, mais un guide. Je me suis efforcé d'y inclure en priorité des lieux ouverts au public ; ce qui explique pourquoi j'ai consacré autant d'espace aux restaurants et aux cafés, aux théâtres et aux cinémas, aux magasins et aux musées. Certains lieux, comme les maisons particulières, sont bien sûr fermés à tout visiteur, mais il est surprenant de constater que même les portes que l'on croirait hermétiquement closes s'ouvrent parfois, ne serait-ce qu'un ou deux jours par an. Il suffit donc de se trouver au bon endroit au bon moment. Leur adresse, numéro de téléphone, heures d'ouverture, stations de métro les plus proches et d'autres indications encore figurent dans le répertoire en fin d'ouvrage (page 121).

J'ai mis un point d'honneur à ne pas me laisser influencer par certains préjugés teintés de snobisme qui distinguent entre les réalisations architecturales dignes d'attention et les autres. Notre patrimoine architectural est, selon moi, marqué par un profond déséquilibre ; il compte quantité d'églises, de palais et de manoirs, mais un tout petit nombre seulement de boutiques, bureaux, restaurants et cafés. On pourrait croire que nous sommes issus d'une société exclusivement formée de prêtres et d'aristocrates, alors que nos ancêtres étaient pour la plupart des gens simples qui faisaient leurs courses, se rendaient à leur travail, aimaient aller au restaurant ou boire un verre entre amis. Dès la première ligne de son introduction à l'ouvrage intitulé *An Outline of European Architecture,* le défunt professeur Pevsner prononce cette sentence mémorable : « Un hangar à bicyclettes est une construction ; la cathédrale de Lincoln est une œuvre architecturale. » Personne ne saurait discuter la seconde proposition, mais il me paraît aussi vain de vouloir opposer construction et architecture, que le corps à l'esprit, le fond à la forme. Quelle ironie, d'ailleurs, que le professeur Pevsner, champion du fonctionnalisme, ait choisi de mépriser un bâtiment dont la forme est strictement dictée par la fonction. *Paris imprévu* ne contient aucune photographie de hangar à bicyclettes, mais j'ai tenté de rassembler une aussi grande variété d'intérieurs que possible, des plus modestes aux plus luxueux. L'un de ceux que je préfère se trouve être les toilettes publiques de la place de la Madeleine, dont le décor Art Nouveau, délabré et pourtant spendide, date du début du siècle. Ce n'est peut-être pas la cathédrale de Lincoln, mais c'est bien une œuvre architecturale (page 118).

Quand on évoque la décoration d'intérieur en France, on songe généralement au style Louis XV et on imagine des salons élégants ornés de moulures et de lambris blancs et or. Pourquoi en est-il ainsi ? C'est un mystère. D'abord, parce que les intérieurs Louis XV n'étaient pas toujours blancs et or, mais souvent bleu vif ou jaune. Ensuite parce qu'un petit nombre seulement des intérieurs Louis XV sont d'époque ; l'immense majorité d'entre eux datent de la seconde moitié du XIXe siècle, période qui connut un renouveau de ce style. Enfin, et j'espère que ce livre en fera la preuve, parce que la décoration d'intérieur française est remarquable, non seulement pour la perfection atteinte dans un style particulier, mais aussi pour son infinie variété.

Les lieux présentés dans cet ouvrage appartiennent à des époques très différentes, allant du IIIe siècle après Jésus-Christ jusqu'au milieu des années 1950, depuis les thermes gallo-romains de l'hôtel de Cluny jusqu'au bar proto-psychédélique de la brasserie Pigalle. Je n'aurais pas pu commencer plus tôt — c'est dans les thermes de Cluny que se trouve le plus ancien édifice de Paris. En revanche, j'ai longuement réfléchi pour savoir si je devais citer des bâtiments plus récents, comme le Centre Georges-Pompidou, ou la pyramide du Louvre. J'ai finalement repoussé cette idée, non pas par manque d'admiration pour ces constructions, mais parce que ce livre porte sur des intérieurs d'époque, ayant le pouvoir d'évoquer le passé, et, s'il est vrai que les générations futures les trouveront démodés, le Centre Georges-Pompidou et la pyramide du Louvre appartiennent sans conteste au présent.

J'ai d'abord pensé regrouper les intérieurs de chaque période, afin de montrer l'évolution de la décoration française à travers les âges ; mais l'histoire même s'y opposa. Ce livre est publié à l'heure où les Français célèbrent le bicentenaire de la Révolution. Pour les historiens de l'architecture, hélas, il y a peu de chose à célébrer. Car si la Révolution eut des effets positifs sur le plan politique, dans le domaine de l'architecture, en revanche, ce fut un des événements les plus catastrophiques de l'histoire de France. Elle interrompit — et parfois même brisa — la carrière de brillants architectes, freina la construction à une époque où l'architecture atteignait des sommets dans la sophistication et l'expérimentation, et aboutit à la destruction d'innombrables intérieurs historiques. Les palais des souverains et les demeures des nobles ne furent pas toujours démolis : ils étaient utiles au Gouvernement révolutionnaire, qui de toute façon n'avait pas les moyens de les remplacer. Mais les trésors qu'ils contenaient furent le plus souvent confisqués et dispersés lors de ventes aux enchères. À ma connaissance, pas un seul intérieur prérévolutionnaire parisien n'a gardé son mobilier et sa décoration originels. Ceux que j'ai choisi de montrer dans ce livre sont tantôt vides, tantôt garnis de meubles et d'objets plus récents. Les plus anciens intérieurs de Paris que j'aie pu trouver ayant conservé une partie, sinon la totalité de leur mobilier d'origine se trouvent dans l'hôtel de Beauharnais, auquel j'ai consacré pas moins de quatre illustrations. Des intérieurs datant d'avant 1600, il ne subsite en général que des vestiges, et hormis les thermes gallo-romains, je n'en ai sélectionné qu'un seul, l'escalier de la tour de Jean-sans-Peur — une tour fortifiée bâtie au début du XVe siècle — qui s'orne à son sommet d'une superbe voûte en éventail, sculptée dans la pierre (page 91). Mon souci premier étant l'authenticité, ou l'intégrité du patrimoine, ma sélection rassemble en majorité des intérieurs de la seconde moitié du XIXe siècle, voire plus modernes encore.

Mais l'histoire ne fut pas le seul obstacle que je rencontrai sur ma route. Tout le monde n'est pas prêt à laisser entrer dans sa maison ou son lieu de travail deux parfaits inconnus, le premier posant une foule de questions embarrassantes et parfois même indiscrètes sur le passé, le second chargé d'appareils photographiques, de parapluies réflecteurs, de flashes et de dizaines de mètres de fil électrique. Tout le monde ne souhaite pas non plus voir sa vie privée exposée à la curiosité du public.

Dans le quartier interlope de Pigalle, je découvris par hasard une étonnante salle de billard datant de la fin du XIXe siècle, sombre, vaguement éclairée par des lampes suspendues au plafond, ornée de moulures exubérantes et de pilastres néo-classiques, le tout enveloppé dans la fumée de cigarettes et recouvert d'une couche de goudron jaune sale. Je traversai la pièce, m'efforçant d'adopter la démarche assurée et le regard dur des joueurs de billard qui s'étaient arrêtés de jouer pour m'observer, mais lorsque je m'adressai au directeur et lui demandai la permission de photographier son établissement, il refusa catégoriquement, m'expliquant dans un langage très imagé qu'il pouvait vivre sans publicité. Il ne voulait en aucun cas attirer l'attention des autorités responsables de la conservation du patrimoine, car cela signifierait que le bâtiment serait classé monument historique et que ni lui, ni ses successeurs ne pourraient planter un clou dans le mur sans l'autorisation expresse du ministère de la Culture. Sa façon de marteler le comptoir du poing tout en me parlant sut me convaincre qu'il était inutile, voire dangereux, d'insister.

Dans une rue qui donne sur l'avenue des Ternes, j'entrai un jour dans un appartement néo-gothique resté intact depuis la fin du XIXe siècle, aux murs recouverts de papier peint au pochoir, garni de meubles en chêne sculpté et de cheminées en pierre monumentales surmontées de sculptures d'inscription médiévale. Cette fois encore, ma demande fut rejetée ; non pas parce que le propriétaire voulait échapper aux autorités des Monuments historiques, mais parce qu'il avait peur d'être harcelé jour et nuit par les compagnies cinématographiques en quête de décors d'époque.

D'autres invoquèrent des raisons de sécurité pour se justifier ; les livres comme celui-ci ont un grand succès auprès des cambrioleurs (entre autres), et il arrive souvent qu'une maison ou un appartement soit cambriolé sitôt après avoir fait l'objet d'une publication. Il me fallut encore contourner un autre écueil : les travaux et chantiers en cours. Les intérieurs d'époque exigent un entretien constant, et plusieurs parmi ceux que je souhaitais présenter étaient en cours de restauration et ne pouvaient, de ce fait, être photographiés. À l'hôtel Lambert, par exemple, demeure du XVIIe siècle située sur l'île Saint-Louis, les électriciens étaient installés dans la splendide galerie d'Hercule ; pire encore, dans l'ancienne résidence du duc et de la duchesse de Windsor, dont je supervisais la restauration, s'affairait un bataillon d'artisans et fournisseurs, au milieu des échelles, échafaudages, pots de peinture et matériaux de construction. Le plus surprenant, en fait, est que nous ayons pu photographier un si grand nombre de lieux historiques. Nous devons ce privilège à la gentillesse et à la coopération de centaines de gens, auxquels j'adresse mes plus sincères remerciements.

L'une des principales motivations qui me poussèrent à écrire ce livre fut la curiosité. Toute façade est pour moi un point d'interrogation, et je n'ai pas l'impression de connaître un immeuble avant d'y être entré. Je m'étais souvent, auparavant, rendu à Paris dont j'eus l'occasion d'admirer les principaux trésors architecturaux, mais ayant rarement pénétré à l'intérieur des bâtiments, j'avais hâte de découvrir l'envers du décor. Au fur et à mesure que mon travail progressait, j'avais l'impression de m'enfoncer au cœur de la ville, et d'acquérir une connaissance plus intime de son architecture et de son caractère. Ce fut une expérience excitante, enrichissante, parfois étonnante ; mais ce livre répond à un objectif plus sérieux.

L'un des tout premiers lieux que je visitai à Paris fut Maxim's, restaurant légendaire de la Belle Époque situé rue Royale. L'intérieur, classé monument historique, est réputé pour être l'un des plus beaux de ce style. Je ne voudrais pas offenser la direction de cet établissement, sans doute animée des meilleures intentions du monde, mais je dois dire que cet intérieur a été défiguré par une restauration de mauvaise qualité et une décoration vulgaire ; il est aujourd'hui difficile de le distinguer des restaurants au décor kitsch, imitant le style 1900, qui ont surgi un peu partout dans la capitale au cours de ces dernières années. Un autre restaurant, Prunier, a changé récemment de propriétaires et est actuellement fermé pour rénovation. L'intérieur date de 1925 ; c'est un exemple remarquable de décor *modern style*, avec des murs habillés de marbre noir incrusté d'onyx et d'or, un sol en mosaïque aux dessins géométriques ainsi qu'un superbe comptoir en bois sculpté et doré. Je n'ai pas pu y entrer et ne peux donc faire aucun commentaire sur les restaurations en cours, mais dans leur propre intérêt, ainsi que celui du restaurant, j'espère que les nouveaux propriétaires n'ont rien entrepris qui puisse gâcher ce rare chef-d'œuvre d'architecture des années 1920. Cet intérieur, protégé par l'État, ne peut donc, en théorie, être amputé ou altéré dans aucun détail décoratif.

Les magasins aussi sont menacés. Les boulangeries traditionnelles, qui font pour nous partie intégrante du décor urbain, disparaissent rapidement. J'en ai visité une bonne cinquantaine, dont beaucoup étaient classées. Les façades généralement bien préservées avaient gardé leurs enseignes peintes d'origine, mais pratiquement tous les intérieurs avaient été abîmés par des installations modernes et des décorations voyantes et inopportunes. Je n'en ai trouvé qu'une seule inchangée depuis sa construction, aux alentours de 1910 : la boulangerie Azrak. Cette boutique a conservé ses comptoirs et ses étagères d'origine, ainsi que son plafond peint et ses murs revêtus de marbre (page 22).

Quant aux hôtels, c'était Sodome et Gomorrhe ! Impossible de trouver dix bâtiments aux intérieurs représentatifs de leur époque. Au XIXe siècle, Paris devint un important centre touristique et commercial. On construisit de somptueux hôtels pour accueillir le flux de visiteurs étrangers et soutenir la réputation de la France dans le domaine de l'architecture et des arts décoratifs. Beaucoup de ces établissements sont encore debout, mais très peu d'intérieurs d'époque ont survécu, la plupart ayant succombé à cette insidieuse maladie, le « syndrome de l'hôtel international », dont les symptômes sont des mètres carrés de moquette (généralement avec un motif en treillis et si épaisse que l'on peut y égarer sa clé), des peintures et des tissus couleur pastel et une utilisation ostentatoire du marbre, des dorures, des miroirs et des accessoires, le tout dicté par un mépris total de l'harmonie et des proportions. Dans un des hôtels que j'ai visités, une salle du XIXe avait été peinte en orangé et bleu électrique. Dans un autre, le plafond et les murs avaient été décorés d'immenses panneaux en verre fumé et moucheté.

Autre intérieur menacé, la salle Joffre (page 72), une salle de classe du lycée Charlemagne : construite à la fin du XIXe siècle, elle doit son nom au célèbre maréchal, ancien élève de cette école. Cet intérieur est resté pratiquement inchangé ; c'est un exemple unique en son genre, mais il ne bénéficie pas de la protection de l'État, et lorsque ce livre sera publié, il aura sans doute été démoli pour permettre l'ouverture d'une issue de secours.

Les lois régissant la protection du patrimoine national se multiplient et deviennent de plus en plus contraignantes. Le nombre de bâtiments classés monuments historiques augmente, et ces dernières années ont vu naître un mouvement en faveur de la protection d'une plus grande variété d'édifices. Nous n'en sommes pas encore au même stade qu'en peinture, où les œuvres contemporaines vont droit au musée, mais on commence à reconnaître la valeur des chefs-d'œuvre des années 1950 et 1960. Le plus triste est que dans bien des cas, il est déjà trop tard, et que donner à un bâtiment le statut de monument historique ne le garantit en rien contre le vandalisme bien souvent dissimulé derrière une prétendue restauration. Comme je l'ai déjà souligné, les intérieurs sont particulièrement vulnérables du fait qu'ils sont généralement invisibles de la rue et par conséquent difficiles à surveiller. Faits de matériaux fragiles, susceptibles dans de mauvaises conditions de se détériorer rapidement, tout le monde semble en outre considérer qu'ils sont moins importants que les façades. À Paris, tout comme à Londres, le nombre d'intérieurs historiques restés intacts diminue, particulièrement dans le secteur commercial. La ville perd ainsi une partie vitale de son patrimoine architectural. Si j'ai écrit ce livre, c'est parce que je crois qu'il peut aider à faire refluer cette marée destructrice. Certains des intérieurs que je présente n'ont pas encore été classés et j'espère qu'ils recevront vite protection. Quant aux autres, il nous faut être vigilants.

Enfin, pour conclure sur un ton moins sombre, je voudrais remercier mon partenaire dans cette aventure, Jérôme Darblay, dont le regard incisif, la bonne humeur et l'engagement total furent pour moi un encouragement permanent, et dont les photographies, tout simplement éblouissantes, constituent la force essentielle de cet ouvrage.

C.T. Loo et Cie

À l'endroit même où se trouvait jadis une demeure typique du Second Empire, aux intérieurs rococo très ornementés, s'élève aujourd'hui un bâtiment de quatre étages, ressemblant à une pagode aux murs rouge vif, qui abrite une galerie d'art au décor oriental et asiatique. Elle tire son nom de son fondateur, Ghing Tsai Loo, qui arriva de Chine à Paris en 1900 à l'âge de vingt ans ; il monta rapidement un commerce florissant, resté jusqu'à ce jour entre les mains de la même famille. La pagode fut bâtie dans les années 1920, et son architecture originale dut faire froncer plus d'une paire de sourcils dans ce quartier bourgeois, réputé très conservateur. La salle indienne (à gauche) est ornée de lambris du XIXe siècle récupérés dans un temple hindou.

Galerie Vivienne

La galerie Vivienne (ci-dessus) a été décrite comme la reine des galeries parisiennes. Construite en 1823, c'est un exemple remarquable de la décoration néo-classique des années qui suivirent le Premier Empire. Dessiné par Delannoy, l'architecte du théâtre du Conservatoire (page 44), le projet avait été conçu et financé par le notaire parisien Marchoux ; sa fille, Hermance, peintre et sculpteur de renom, en fit don à l'Institut de France à la condition que les loyers payés par les commerçants servissent à aider les étudiants peu fortunés de l'Académie française des beaux-arts à Rome. On remarquera en particulier, sous la rotonde, des peintures allégoriques symbolisant la Richesse, ainsi que des ancres de marine et des cornes d'abondance évoquant la prospérité due au commerce maritime international. Le sol, recouvert de mosaïque, est l'œuvre de l'artisan italien Faccina.

Deyrolle

La maison Deyrolle tient son nom de son fondateur, le célèbre taxidermiste Émile Deyrolle, qui ouvrit boutique dans la rue de la Monnaie en 1831. Depuis 1850 environ, son magasin occupe le rez-de-chaussée et le premier étage d'une splendide demeure construite dans les années 1740, par l'architecte Germain Boffrand, pour Jacques-Samuel Bernard, financier, collectionneur d'art et trésorier de la reine. Des restes de boiseries XVIIIe siècle forment un cadre incongru pour une extraordinaire exposition d'insectes et d'animaux naturalisés. On se demande ce que le propriétaire d'origine aurait pensé de ce décor…

Stern

Ce magasin, fondé au début du XIXe siècle par un graveur sur métal alsacien, était autrefois la plus grande imprimerie-papeterie de France. Stern fournissait du papier à en-tête, des cartes de visite, des titres boursiers et même des billets de banque à une clientèle internationale qui comprenait plusieurs chefs d'État, parmi lesquels Napoléon III et l'empereur Maximilien du Mexique. Depuis 1840, ce commerce occupe une place importante dans le passage des Panoramas, galerie marchande jadis prospère, construite vers 1800, mais qui a perdu son faste d'antan. L'intérieur de cette boutique (ci-dessus) est l'un des plus beaux que l'on puisse trouver à Paris ; il contient une accumulation hétéroclite et pourtant cohérente d'objets anciens évoquant la fin du Moyen Âge et le début de la Renaissance. Les murs sont recouverts de papier peint imitant des tentures en cuir espagnoles. Les boiseries sont composées de divers fragments médiévaux, dont certains (qui sait ?) sont d'époque. Cet intérieur, dont la conception remonte probablement à la seconde moitié du XIXe siècle, pourrait bien être contemporain de l'hôtel Gaillard, au décor similaire (page 86).

Debauve et Gallais

Achevé vers 1819, l'intérieur de chez Debauve et Gallais (ci-dessus) date du règne de Louis XVIII. Le décor en est pourtant typiquement napoléonien, ce qui explique sans doute pourquoi la construction de ce magasin a si souvent été attribuée à Percier et Fontaine, les architectes officiels de l'Empereur. Le comptoir arrondi, en chêne sculpté, est bordé d'un rideau de huit petites colonnes corinthiennes, aux fûts recouverts d'une peinture imitant le marbre, tandis que les chapiteaux sont ornés d'un caducée ; ce symbole nous rappelle qu'à l'origine cette « chocolaterie » était une pharmacie, spécialisée dans la fabrication de chocolats à usage médicinal, réputés soigner les maux de gorge et les contractions musculaires.

Baccarat

La salle à manger Directoire (à droite) n'est pas à proprement parler une salle à manger, pas plus qu'elle ne date du Directoire. Il s'agit en fait d'un magasin, ou plus exactement d'une salle d'exposition construite par les célèbres fabricants de cristaux Baccarat, vers la fin du Second Empire. L'idée première était de montrer à des clients potentiels l'effet du cristal de Baccarat dans un intérieur de style. Cette salle à manger fait partie d'une enfilade de pièces dont chacune évoque une période historique différente. Dans l'encadrement de la porte, on aperçoit un salon Louis XV, ouvrant lui-même sur un élégant boudoir Régence et une antichambre Louis XVI.

Boulangerie Azrak

En France, les boulangeries sont traditionnellement décorées de peintures représentant des moulins, des gerbes de blé et des scènes évoquant la vie paysanne ou la fabrication du pain. La boulangerie Azrak (à gauche) rompt avec cette tradition : construite aux environs de 1910, elle se distingue par sa décoration Louis XVI. On admirera surtout les comptoirs et les murs, recouverts de marbre et rehaussés d'ornements en bronze représentant des guirlandes et des rubans.

Teinturerie Huguet

S'il est un endroit à Paris où l'on doit porter ses habits à nettoyer, c'est bien la teinturerie Huguet. Connu à l'origine sous le nom de Grande Teinturerie de Chaillot, ce commerce fut fondé par un certain Lallemand, au milieu du XIXe siècle. L'intérieur (ci-dessus), d'inspiration XVIIIe, permet d'admirer d'élégants lambris gris pâle et dorés, parfaitement assortis au mobilier et aux éclairages.

Aux Cinq Poissons

Le propriétaire de ce magasin (à gauche) vous dira sans doute qu'il détient « la plus vieille poissonnerie de Paris, de France; et même du monde ». C'est en tout cas l'une des plus spectaculaires. L'intérieur date du XIXᵉ siècle et les panneaux décoratifs en céramique ont été fabriqués dans le célèbre atelier de Sarreguemines. Le mur de gauche représente un rivage de Bretagne qu'arpente un pêcheur. Le panneau du fond illustre une variété de poissons, coquillages et algues, sur fond de paysage maritime. Le style de cet ouvrage révèle l'influence des estampes japonaises — et plus particulièrement du travail de Hokusaï — sur les artisans français de l'époque.

À la Mère de Famille

Cette épicerie aurait été fondée en 1761 ; on y vendait autrefois une lotion miraculeuse pour les yeux, dont le secret de fabrication avait été transmis au propriétaire par une nonne, venue s'abriter là pendant la Révolution. L'intérieur (ci-dessous à gauche) date de 1900 environ ; de nombreux détails de la décoration sont d'origine, parmi lesquels les étagères garnies de petits écriteaux en émail, un tiroir-caisse impressionnant et un sol carrelé portant le nom de la boutique.

Robert Montagut

Les apparences peuvent être trompeuses : le magasin de Robert Montagut ressemble à une pharmacie mais n'en est pas une. Décoré d'éléments qui remontent au règne de Louis XIII, c'est de loin le plus ancien intérieur de magasin parisien. Et pourtant, il n'est pas à proprement parler parisien et cela ne fait que deux ans qu'il se trouve à cet emplacement. L'explication est simple : il s'agit de l'ancienne boutique d'un apothicaire avignonnais, achetée par Robert Montagut en 1987, transportée à Paris et admirablement reconstituée pour servir de décor à un magasin d'antiquités spécialisé dans les objets de pharmacie.

CAFÉ

CAFÉS ET RESTAURANTS

LE GRAND VÉFOUR

Le Grand Véfour est le plus ancien restaurant de Paris qui soit demeuré sur le même site depuis sa construction. Il occupe une place importante dans les bâtiments du Palais-Royal, ensemble architectural, conçu par le duc de Chartres et l'architecte Victor Louis et érigé entre 1781 et 1784. Ce restaurant s'appelait autrefois le Café de Chartres, par égard pour son propriétaire, dont le nom apparaît toujours au-dessus de la porte d'entrée. Il fut un centre important d'agitation politique dans les années qui précédèrent la Révolution, et continua par la suite à attirer des politiciens et des artistes, parmi lesquels Napoléon, Lamartine, Hugo, Thiers, Colette, Cocteau, Sartre et Malraux. L'intérieur (à gauche) est décoré dans le style « grotesque », inspiré par les fresques de la Rome antique ; on y voit des peintures allégoriques évoquant l'Abondance sous la forme de fruits, de poissons, de gibier et de friandises. Certains détails décoratifs dateraient de la fin du XVIIIe siècle, mais la plupart furent sans doute réalisés aux environs de 1820-1850.

ANGELINA

La maison Angelina fut fondée en 1903 par un chef pâtissier autrichien naturalisé français, Antoine Rumpelmayer, qui avait déjà lancé avec succès une chaîne de salons de thé dans le sud de la France. La Provence est ici évoquée par les paysages méditerranéens qui décorent les murs, œuvres du peintre Lorant Heilbronn. Hormis les lampes Art déco des années 1930, cet intérieur (ci-dessus) est resté pratiquement inchangé depuis le début du siècle. Parmi les illustres visiteurs de ce café, citons Marcel Proust, Coco Chanel et le roi George V. Le chocolat chaud que l'on y sert est d'une saveur incomparable.

LA BIÈRE

Le Cochon à l'Oreille

Situé au cœur des Halles, le Cochon à l'Oreille (ci-dessus) n'a pas changé depuis sa construction à la fin du XIXe siècle. Les murs sont décorés de céramique provenant de l'atelier de Sarreguemines, figurant des scènes de la vie des halles. De fait, cet établissement respecte toujours les heures d'ouverture de l'ancien marché : il ouvre ses portes à quatre heures du matin et ferme à trois heures de l'après-midi. Les banquettes sont d'origine, tout comme le sol carrelé, les miroirs gravés sur le mur du fond et le splendide comptoir martelé à la main.

La Potée des Halles

Situé, comme son nom l'indique, dans le quartier des anciennes halles, ce bistrot (à gauche), datant du début du siècle, a gardé ses décorations murales en céramique d'origine, fabriquées par l'atelier de Sarreguemines. Au-dessus des tables et du bar, on peut voir des allégories de la Bière et du Café, représentées sous les traits de jeunes femmes imposantes invitant les consommateurs à finir leur verre et à recommander à boire.

Le Train Bleu

Le Train Bleu (double page suivante) est le restaurant de gare le plus grandiose de la capitale ; il occupe un immense espace au premier étage de la gare de Lyon, construite au début du siècle par l'architecte Denis Toudoire. Un critique de l'époque compara la décoration intérieure à celle d'un casino ; mais l'opulence était précisément l'effet souhaité par le client, à savoir la compagnie privée P.L.M., dont les trains se rendaient de Paris (P.) à Lyon (L.) puis à la Méditerranée (M.). Les murs et le plafond ont reçu des peintures effectuées par des artistes renommés de l'époque, qui représentent les principales villes et régions traversées par les trains P.L.M., dont la Savoie, Nice, Grenoble et même l'Algérie. De lourds piliers métalliques soutiennent les arches colossales qui enjambent la salle à manger principale sur toute sa largeur ; cette pièce est par ailleurs ornée de statuettes en plâtre réalisées par Lefèvre et de meubles signés Danon et Colin.

Cador

Cador, charmant salon de thé de style Louis XVI (à gauche), jouit d'une très belle vue sur la façade est du Louvre. L'intérieur daterait des années 1880 ; il est décoré de lambris blancs et or, rehaussés de pilastres, de guirlandes et d'un bas-relief allégorique de l'Amour, représenté sous les traits de Vénus et de Cupidon. Cet établissement a également conservé son sol carrelé d'origine, blanc et vert, orné de palmettes, motif emprunté à l'architecture grecque classique.

Chartier

Chartier est un fast-food à la française, un restaurant à deux niveaux, aussi grand qu'un hangar, datant de la fin des années 1890, époque bien antérieure à l'arrivée à Paris des hamburgers américains. Ce restaurant (ci-dessus) fut fondé par les frères Édouard et Camille Chartier qui, à la fin du XIXe et au tout début du XXe siècle, créèrent une grande chaîne de bistrots à service rapide, dont faisait aussi partie le Vagenende (page 35). Le monogramme familial, deux C entrelacés, apparaît dans la décoration en plâtre au-dessus des miroirs.

LAVABOS

JULIEN

Cette brasserie (à gauche), véritable joyau de la Belle Époque, fut construite à l'occasion de l'Exposition universelle de 1889 et rend à la perfection l'esprit épicurien de cette période. Les plafonds et les murs sont décorés de somptueuses moulures représentant des grappes de fruits et des légumes, et de carreaux de céramique. On distingue aussi, tout près de la porte vitrée donnant accès aux lavabos, un paon perché sur un arbre en fleurs, dont les branches se découpent sur la lune. Le miroir, enfin, laisse apercevoir une splendide verrière colorée et la superbe collection de chapeaux anciens de l'actuel propriétaire.

LE VAGENENDE

Construit vers 1902 par les frères Chartier (voir page 33), le Vagenende (ci-dessus) est une brasserie au splendide décor Art Nouveau, donnant sur le boulevard Saint-Germain. D'aucuns prétendent que le mot « vagenende » appartient à un vieux dialecte alsacien et signifie « la fin du voyage ». En réalité, cette brasserie tient son nom du restaurateur qui l'acheta en 1920 ; elle s'appelait auparavant le Bouillon Chartier. Le style « nouille » des boiseries qui encadrent les miroirs est caractéristique de l'époque, tout comme les panneaux de céramique, dont certains reproduisent des paysages miniatures peints par Pivain.

Le Vaudeville

Situé en face de la Bourse de Paris, le Vaudeville est une superbe brasserie Art Déco qui a conservé en grande partie sa décoration d'origine. Les murs (ci-dessus) sont revêtus de différentes variétés de marbre, et décorés de bas-reliefs en bronze et d'éclairages futuristes. Un sol dallé à motifs géométriques et des figurines des années 1920 complètent le décor.

Le Pigalle

Récemment inscrite sur l'inventaire des Monuments historiques, cette brasserie au décor psychédélique fut bâtie aux environs de 1954 par l'architecte Gridaine ; c'est un lieu important dans la géographie de ce quartier, réputé pour son intense vie nocturne. Les murs du restaurant sont décorés de fresques surréalistes peintes par Lecoq ; ceux du bar (à droite) sont striés de rayures noires verticales, constellées d'ornements en plastique rembourré multicolores, en forme de rognons. Endroit déconseillé aux âmes sensibles.

Cosanis

HÔTELS

LE CRILLON

Avec sa façade bordant la place de la Concorde et sa vue imprenable sur la Seine, l'Assemblée nationale et la tour Eiffel, le Crillon est sans doute l'hôtel le mieux situé de Paris. C'était à l'origine une maison particulière, édifiée dans les années 1770 et habitée en premier lieu par le duc d'Aumont, « directeur des Menus Plaisirs » à la cour de Louis XVI. En 1788, elle fut achetée par le comte de Crillon ; ces héritiers la vendirent en 1907, date à laquelle elle fut convertie en hôtel. Depuis, l'intérieur a été profondément transformé, mais le salon des Aigles (ci-dessus) a gardé une bonne partie de sa décoration Louis XVI d'origine, attribuée à l'architecte Pierre Adrien Pâris. Les portes sont surmontées de portraits de héros de l'Antiquité, ornés de guirlandes et d'angelots soutenant des trophées militaires. Au-dessus de la corniche, dans chaque angle de la pièce, se trouvent les aigles dorés qui ont donné son nom à cette pièce, ainsi que des peintures allégoriques représentant la Vérité, la Force, la Sagesse et la Prospérité.

LE GRAND HÔTEL

Le Grand Hôtel fut construit en 1861-1862, en prévision de l'Exposition internationale de 1867, qui attira des milliers de visiteurs dans la capitale. Cet hôtel pouvait s'enorgueillir de posséder quinze salles de bains, luxe incroyable pour l'époque, ainsi qu'une majestueuse salle de bal (à droite), qui fut inaugurée par l'impératrice Eugénie. La décoration de cette pièce, parfois attribuée à Charles Garnier, l'architecte de l'Opéra de Paris (page 41), est en réalité l'œuvre d'une équipe d'artistes et d'artisans dirigée par l'architecte Armand. Cet intérieur est bordé d'une double rangée de colonnes corinthiennes superposées ; l'éclairage est dispensé par une gigantesque verrière dont le motif représente une fleur stylisée aux pétales déployés. Il n'est pas rare de rencontrer des verrières de cette taille et de ce style dans des bâtiments français de l'époque : ainsi non loin de là, dans les deux célèbres grands magasins que sont les Galeries Lafayette et le Printemps, ou encore dans la grande salle de la Société Générale sur le boulevard Haussmann.

THÉÂTRES ET CINÉMAS

PALAIS GARNIER

L'Opéra de Paris est un temple colossal élevé à la gloire de l'opéra et de la danse. Commencé en 1862, il fut achevé treize ans plus tard, et la plupart des artistes et artisans français renommés de l'époque furent mis à contribution. L'architecte Charles Garnier avait été sélectionné parmi plus de cent soixante-dix candidats pour diriger la construction de cet édifice (à gauche), qui devait être le bâtiment public le plus important du Second Empire. Cet ouvrage très éclectique est une synthèse prodigieuse de formes et d'ornements empruntés à la nature et à l'histoire architecturale. Lorsque l'impératrice Eugénie lui demanda de définir le style de son chef-d'œuvre, qui n'était ni Louis XIV, ni Louis XV, ni même Louis XVI, Garnier répondit avec humour qu'il s'agissait d'un style à l'image de l'époque : le style Napoléon III.

THÉÂTRE DAUNOU

La salle de spectacle du théâtre Daunou (ci-dessus) date de 1921 et fut dessinée par Armand Rateau, directeur artistique de la société Lanvin-Décoration, créée par la célèbre couturière Jeanne Lanvin. Le choix des couleurs est inhabituel : l'or y est associé au bleu, et non au rouge cramoisi comme dans la plupart des théâtres français. Ce décor rappelle celui de l'opéra XVIIIe du château de Versailles, qui servit peut-être de modèle à son concepteur. Les boiseries ouvragées à droite de la scène révèlent l'influence de la sculpture indonésienne, que Rateau admirait particulièrement.

L'Opéra-Comique

Qu'on l'aime ou non — et beaucoup de critiques de l'époque ne l'aimaient guère —, l'Opéra-Comique représente un tour de force en matière d'architecture, de sculpture et de peinture. Il fut achevé sous la direction de l'architecte Bernier en 1898. Le Grand Foyer (à gauche) est très représentatif de la décoration de cet édifice, de taille modeste et d'allure frivole, mais non moins somptueux que le Palais-Garnier (page 41), dont il s'inspire. Sur le mur du fond, une peinture de Gerveix représente un gracieux ballet, tandis qu'au centre un violoniste au visage angélique, peint par Gasq, orne le fronton brisé d'une porte baroque en marbre. La fresque peinte sur le mur de droite est d'Albert Maignan, tout comme le plafond. En médaillons, on peut voir une série de portraits de compositeurs, de librettistes et d'acteurs célèbres.

La Pagode

Si le Rex (page 47) est le cinéma le plus spectaculaire de Paris, la Pagode (ci-dessus) est le plus extraordinaire ; il s'agit d'une véritable pagode japonaise datant du XIXe siècle, transportée à Paris en 1896 à l'apogée de la mode orientaliste et reconstituée au cœur du faubourg Saint-Germain. L'architecte chargé de ce travail était Alexandre Marcel, et son client un dénommé Morin, directeur d'un grand magasin, qui fit don de cet édifice à sa femme comme maison de plaisance. Selon la légende, les Chinois envisagèrent d'acheter cette demeure en 1927 pour en faire leur ambassade, mais ils s'en détournèrent avec dégoût après avoir découvert une peinture murale représentant l'armée chinoise en déroute face aux soldats japonais.

Théâtre du Palais-Royal

La salle du théâtre du Palais-Royal (ci-dessus) est décorée dans un style à la fois maniéré et légèrement sinistre, tout à fait représentatif de la période à laquelle il fut construit. Dessiné par Paul Sédille, cet édifice fut achevé aux alentours de 1880, dernier d'une longue série de théâtres bâtis à cet emplacement. La date inscrite sur le rideau de scène, 1783, renvoie à l'inauguration de la toute première salle de spectacle qui vit le jour à cet endroit, le théâtre de Beaujolais.

Théâtre du Conservatoire

Le théâtre du Conservatoire fut construit en 1811 par Delannoy, l'architecte qui dessina la galerie Vivienne (page 17), mais la décoration Empire originelle, masquée en 1866 par de nouvelles peintures inspirées des fresques colorées découvertes à Pompéi et à Herculanum, a presque totalement disparu. Le foyer forme un imposant atrium de style néo-classique aux colonnes peintes dans différents tons de rouge et de jaune ; mais la partie la plus impressionnante est sans doute la salle elle-même (à droite), ornée de colonnes striées, de lyres et de masques antiques, et surmontée d'un plafond voûté ornementé d'anges.

BEETHOVEN

ANNO
1900

LE RANELAGH

Le Ranelagh était jadis un music-hall, de style néo-Renaissance, construit pour l'impresario Louis Mors en 1890. Malgré sa conversion en salle de cinéma, l'intérieur (ci-dessus) a conservé son décor d'origine, dont un magnifique plafond à caissons et des boiseries sculptées d'arabesques et d'animaux mythologiques.

THÉÂTRE GRÉVIN

Le théâtre du musée Grévin s'appelait autrefois le Théâtre Joli, et il portait bien son nom ; en effet, c'est l'un des plus jolis théâtres de Paris. Au-dessus de la scène (à gauche), on remarque un groupe allégorique, œuvre du sculpteur Bourdelle, mais le regard est d'abord attiré par le rideau de scène très coloré peint par Chéret, sur le thème d'une scène de carnaval avec des personnages de la *Comedia dell'Arte*. Achevé en 1900, ce théâtre ne peut recevoir que trois cent cinquante spectateurs mais plusieurs stars y débutèrent leur carrière, parmi lesquelles le célèbre mime Marcel Marceau.

LE REX

Construit en 1932, le Rex est la salle de cinéma la plus spectaculaire de la capitale. Sa décoration extravagante (double page suivante) est un modèle du genre. Ce goût pour les cinémas au décor exotique, chargé d'atmosphère, naquit sur la côte ouest des États-Unis, dans les années 1920 ; il fut introduit en Europe par son initiateur, John Eberson, qui collabora à la conception du Rex avec l'architecte français Auguste Bluysen. Cette salle, qui peut accueillir près de trois mille personnes, est dotée d'un fabuleux décor architectural s'inspirant de tous les styles, du mauresque au néo-classique. L'avant-scène forme une arche rouge lumineuse, derrière laquelle dansent des fontaines.

MAISONS PARTICULIÈRES

HÔTEL DE BOURRIENNE

L'intérieur de l'hôtel de Bourrienne est difficile à dater. Le bâtiment fut construit aux alentours de 1787 mais rénové deux fois en l'espace de quinze ans, tout d'abord par Bélanger en 1793 et à nouveau par Lecomte vers 1801. La salle de bains (à gauche) est de style néo-classique mais la décoration révèle aussi une influence égyptienne, source d'inspiration de nombreux architectes et décorateurs français aux temps de la campagne menée par Napoléon Ier (1799-1801). Si cette analyse est exacte, la salle de bains est très probablement l'œuvre de Lecomte ; elle serait ainsi peut-être le seul intérieur de style « retour d'Égypte » qui ait survécu à Paris. À l'étage supérieur a été aménagé un splendide atelier Art Nouveau (ci-dessus), construit vers 1900 par Charles Tuleu, directeur d'une imprimerie célèbre fondée par Balzac et le grand-oncle des occupants actuels de cette demeure. Le sol orné de mosaïques et de peintures au pochoir est typique de l'époque, tout comme le poêle, les vitrages et l'étagère qui borde la corniche, sur laquelle sont alignés des vases et objets décoratifs semblables à ceux qui devaient s'y trouver à l'origine.

Hôtel Gouffier de Thoix

L'intérieur de l'hôtel Gouffier de Thoix semble être l'illustration d'un texte de Proust ; c'est un foisonnement de tableaux, de tissus, de meubles et d'objets décoratifs qui entraînent l'esprit du visiteur dans de multiples directions. L'histoire de cette demeure, de style Régence, montre des liens très étroits avec l'Angleterre. Elle fut bâtie pour Henriette Penancouët de Kéroualle, marquise de Thoix et ancienne comtesse de Pembroke, dont la jeune sœur Louise devint duchesse de Portsmouth et la maîtresse du roi Charles II. La chambre à coucher (ci-dessus) est décorée de lambris rococo et d'un magnifique lit à la polonaise évoquant le règne de Louis XV. La salle à manger (à gauche) date probablement du règne de Louis XVI et contient un étonnant poêle à bois en forme de palmier, au socle début du XIXe siècle orné de palmettes néo-classiques. Les tables en acajou et les chaises recouvertes de cuir révèlent une influence anglaise. Le lustre est vénitien.

Hôtel Jules Hardouin-Mansart

Occupée aujourd'hui par le décorateur d'intérieur Jacques Garcia, cette demeure citadine (double page suivante) de la fin du XVIIe siècle fut dessinée et réalisée par l'architecte Jules Hardouin-Mansart, qui y vécut jusqu'à sa mort, en 1708 ; parmi les œuvres qui le rendirent célèbre, citons la galerie des Glaces et le Grand Trianon à Versailles, ainsi que la place Vendôme et la place des Victoires à Paris. Les murs et les plafonds de cette maison sont ornés de peintures attribuées à Le Brun et Mignard ; on peut aussi y admirer une superbe collection de meubles français des XVIIe et XVIIIe siècles, dont la plupart proviennent des appartements royaux et furent rassemblés par le propriétaire actuel. Le salon a été aménagé d'après une description qui en fut faite sitôt après la mort de Mansart. De conception académique, ce décor possède malgré tout beaucoup de charme et de grâce ; il révèle, chez son créateur, une grande ingéniosité et une intime connaissance de l'époque.

Hôtel de Salm-Dyck

Ce joli salon (à gauche) était jadis fréquenté par les personnalités du monde artistique et littéraire du Premier Empire (l'acteur Talma, Stendhal, le sculpteur Pajou, ainsi que les peintres Girodet et Vernet). Leur hôtesse était Constance de Theïs, princesse de Salm-Dyck, poétesse de renom, pour qui la pièce fut décorée vers 1810 par l'architecte Antoine Vaudoyer. Le plafond est orné de peintures allégoriques néo-classiques évoquant les quatre éléments ainsi que la Poésie, les Arts, la Guerre et la Science ; cette allégorie de la Science fut peut-être réalisée en hommage discret au mari de la princesse, homme féru de botanique et passionné par les cactus.

Maison Opéra

Ainsi nommée parce que généralement attribuée à Garnier, l'architecte de l'Opéra, cette charmante demeure citadine marque la transition entre le Second Empire et la Troisième République. Sa construction fut entreprise vers 1867 pour le marquis de Luzarches d'Azay, mais elle fut vendue avant même d'être achevée à Léopold Bourlon de Rouvre, préfet du huitième arrondissement de Paris, en 1871. Le salon (ci-dessus) est décoré dans ce style éclectique que l'on baptise « tous les Louis » car il regroupe des éléments décoratifs des XVIIe et XVIIIe siècles. L'élément le plus original de cette pièce se trouve dans la décoration des murs, dont la peinture imite des tapisseries représentant des bouquets de fleurs.

Hôtel de Fieubet

Lorsqu'on pénètre dans le hall d'entrée de l'hôtel de Fieubet (à gauche), on croit entrer de plain-pied dans le XVIIe siècle. Cette demeure bâtie en 1646-1647 est attribuée à l'architecte Pierre Le Muet. L'escalier, sobre et néanmoins plein de majesté, est dominé par un superbe pilier de pierre agrémentée d'un chapiteau ionique, ainsi qu'une balustrade en chêne massif, dans lequel fut sculpté le monogramme des premiers occupants, Gaspard de Fieubet et sa femme Marie Ardier.

N° 67, bld Raspail

Ce bel immeuble date de 1913 et fut dessiné par un artiste français rattaché à l'École de Vienne, l'architecte Tissier. Le hall d'entrée (à droite) est peut-être le seul exemple à Paris d'intérieur de style sécessionniste. La balustrade torsadée est l'œuvre du sculpteur Henri Bouchard et du ferronnier d'art Bellery-Desfontaine. Les vitrages proviendraient de la célèbre fabrique de Daum.

Maison de Verre

La Maison de Verre est un cas unique parmi toutes les maisons de style moderniste construites à Paris car elle fut bâtie au centre de la ville plutôt qu'à sa périphérie. Cette demeure est située sur l'emplacement d'un ancien hôtel particulier du XVIIIe siècle, au cœur du faubourg Saint-Germain, et bien que d'architecture résolument moderne, elle conserve comme un petit air « XVIIIe », dû sans doute à l'attention portée à chaque détail architectural et à son exceptionnel confort. Elle fut dessinée par l'architecte Pierre Chareau pour le gynécologue Jean Dalsace et sa femme Anna Bernheim, dont le salon était fréquenté par des artistes aussi illustres que les peintres Max Ernst, Fernand Léger, Robert Delaunay, et le poète Max Jacob. Les invités se rassemblaient dans la principale salle de réception (ci-dessus), dont l'espace variable et le mobilier informel contrastent vivement avec le décor relativement rigide de la villa La Roche construite par Le Corbusier, quelques années auparavant (page ci-contre). La lumière entre à travers un mur de verre dépoli. Du sol au plafond s'élèvent des poutres jumelles et une immense bibliothèque équipée d'une échelle sur rails. Des panneaux de bois et des grilles métalliques masquent les appartements privés au premier étage, tandis qu'au rez-de-chaussée, un paravent en Duralumin permet de doubler la salle de réception d'une seconde pièce donnant sur un jardin au dessin géométrique. Le sol est recouvert de dalles en caoutchouc non synthétique d'origine ; le mobilier fut fabriqué d'après les dessins de Chareau par le célèbre ébéniste Eugène Printz, et les tapisseries sont de Jean Lurçat, qui dessina aussi le paravent pliant, décoré d'arlequins. Toujours propriété de la même famille, la Maison de Verre est merveilleusement entretenue par les descendants des premiers occupants.

Fondation Le Corbusier

Villa La Roche

Rationnel, rigoureux, inflexible, tels sont les termes souvent employés pour qualifier le travail de Le Corbusier, pionnier de l'architecture moderne. La villa La Roche fait partie d'une longue série de maisons baptisées « machines à habiter », dont plusieurs sont disséminées dans la banlieue parisienne. Il est vrai que l'aménagement de l'espace intérieur de cette demeure se caractérise par un aspect immuable. Dans le salon (ci-dessus), par exemple, la table est fixée au sol et ne peut être déplacée. La simplicité de cette pièce semble s'opposer à l'introduction de meubles et de bibelots inutiles. Pourtant, certains détails, comme la rampe majestueuse sur la droite, ainsi que le jeu des couleurs et des matériaux ne manquent pas de sensualité. Cette maison date de 1923-1925 ; son premier occupant fut Raoul La Roche, collectionneur d'art moderne. Elle est aujourd'hui le siège de la Fondation Le Corbusier.

Fondation Paul-Louis Weiller

Hôtel Amelot de Bisseuil

Cette demeure du milieu du XVIIe siècle, sise au cœur du Marais, fut dessinée par Pierre Cottard, contemporain de Lepautre, l'architecte de l'hôtel de Beauvais tout proche (voir page 68). Occupé initialement par Denis Amelot de Bisseuil, il fut ensuite loué à un chapelain protestant au service de l'ambassadeur de Hollande, ce qui lui valut probablement le nom qui lui est encore attribué, d'Hôtel des Ambassadeurs de Hollande. Réquisitionnée sous la Révolution et vandalisée, cette maison a été restaurée par la Fondation Paul-Louis Weiller, organisation charitable qui prit possession des lieux en 1951. La galerie Psyché (ci-dessus) a gardé son plafond peint d'origine, dû à Pierre Corneille, représentant des scènes de la légende de Psyché.

Fondation nationale des Arts graphiques et plastiques

Hôtel Salomon de Rothschild

Depuis 1967, l'hôtel Salomon de Rothschild abrite la Fondation nationale des Arts graphiques et plastiques. Cette demeure fut bâtie dans les années 1870 pour la veuve du baron Salomon de Rothschild, qui en fit don à l'État français. L'intérieur a été profondément transformé pour permettre l'aménagement de bureaux et de salles d'exposition. Mais, comme dans un conte de fées, une unique pièce a été laissée intacte : le cabinet des curiosités (à droite). Cette salle est encombrée d'un extraordinaire bric-à-brac d'objets en apparence inconciliables, des mandolines aux armures orientales.

TRAVELLERS CLUB

Hôtel de Païva

Le Travellers Club occupe l'ancien hôtel de la Païva, superbe palais de style néo-Renaissance sur les Champs-Élysées. Cette demeure fut bâtie au milieu du XIXe siècle pour Esther Lackmann, marquise de la Païva, célèbre aventurière issue d'une famille de Juifs polonais sans le sou émigrée à Moscou, qui partit sur les routes d'Europe et collectionna les amants nobles et fortunés avant d'échouer à Paris, où elle épousa un aristocrate portugais, le marquis de la Païva. Lorsque les dettes de jeu poussèrent le marquis à se suicider, Esther s'en fut avec son vieil amant, le prince von Donnesmarch, et finit ses jours dans un château de rêve en Silésie construit pour elle par l'architecte français Hector Lefuel. Sa maison parisienne fut dessinée par Pierre Manguin qui fit travailler d'illustres peintres et sculpteurs, parmi lesquels Dalou et Gérôme. Le mobilier d'origine a été dispersé, mais la décoration architecturale est restée intacte, bien que cet immeuble ait abrité un restaurant de luxe pendant plusieurs années, à la fin du XIXe siècle. On remarquera le superbe escalier en onyx, la salle de bains mauresque (ci-dessus) et le salon rouge (ci-contre) surmonté d'un plafond orné au centre d'un camée plein de sensualité.

Institut Pasteur

Si l'âme des héros français va au Paradis, leur corps est destiné au Panthéon. Louis Pasteur, pionnier de la recherche bactériologique et inventeur du vaccin anti-tuberculeux, faillit à la tradition. Lorsqu'il mourut, en 1895, l'État entreprit de faire transporter ses cendres en cet ultime lieu de repos, situé sur la montagne Sainte-Geneviève, mais sa veuve refusa. Elle demanda qu'une chapelle funéraire fût construite dans le sous-sol de l'Institut Pasteur, qui avait été le centre de recherche du savant et le lieu de résidence du couple depuis 1888. Le projet aboutit à la réalisation de l'extraordinaire intérieur illustré ci-dessus ; il s'agit d'une crypte voûtée néo-romane, achevée en 1896, due à l'architecte Charles-Louis Girault, au peintre Luc-Olivier Merson et au décorateur Auguste Guilbert-Martin, auteur des mosaïques. L'ensemble des décorations retrace la carrière talentueuse de Pasteur. Les lapins sur la droite sont ceux sur lesquels le chercheur testa son vaccin. La meute menaçante sur la gauche évoque les chiens porteurs du virus de la rage. Sur la voûte, des allégories de la Charité et de la Science lèvent les yeux vers le ciel. Le salon de la famille (à droite) n'a pas changé depuis la mort de Madame Pasteur en 1910.

Association pour la Sauvegarde de Paris

Hôtel de Beauvais

L'hôtel de Beauvais est surtout connu pour être la maison dans laquelle le jeune Mozart séjourna en 1763, lors d'une tournée de concerts qu'il effectuait en France. Cette demeure fut bâtie au milieu du XVIIe siècle, par le célèbre architecte français Antoine Le Pautre, pour Pierre de Beauvais, ancien marchand de rubans, dont la femme, une favorite de la reine Anne d'Autriche, aurait fait l'éducation sexuelle de Louis XIV adolescent. Le monogramme des Beauvais apparaît dans la décoration du hall d'entrée (à gauche), due au sculpteur flamand Van den Bogaërt, que les Français rebaptisèrent Martin Desjardins. L'escalier est à peu près tout ce qui subsiste de l'intérieur d'origine, mais une cave voûtée de style gothique nous rappelle que cette maison fut construite sur l'emplacement d'une abbaye médiévale.

Chambre de commerce de Paris/Hôtel Potocki

Depuis 1923, la Chambre de commerce de Paris occupe l'ancien hôtel Potocki, colossal hôtel particulier bâti en 1857 pour le comte polonais Grégoire Potocki ; le fils de ce dernier, Felix-Nicholas, décida de faire agrandir la demeure familiale vers 1881, souhaitant qu'elle rivalise de splendeur avec Versailles, ambition révélée surtout par l'escalier de marbre monumental (à droite). La femme du comte, la princesse italienne Emmanuella Pignatelli, scandalisée par la présomption de son époux, trouvait que leur maison ressemblait à certaines banques prétentieuses construites alors dans la capitale et la surnomma le « Crédit Polonais ».

ÉCOLES ET LYCÉES

LYCÉE SAINT-JAMES

Le lycée Saint-James occupe l'emplacement de l'ancienne folie Saint-James, villa néo-classique construite en 1775-1780 d'après les dessins de François-Joseph Bélanger, architecte du château de Bagatelle, tout proche. Le terme de « folie » désignait au XVIIIe siècle une petite maison de plaisance, entourée généralement d'un jardin paysagé, non loin du centre d'une ville. « Saint-James » est la transcription anglicisée de « Saint-Gemmes », domaine de l'Anjou que possédait l'homme qui fit bâtir cette folie, le financier Baudard de Vaudésir ruiné dans l'affaire des diamants. Au début du XIXe siècle, cette « folie » connut divers occupants, parmi lesquels Lucien Bonaparte, le duc de Wellington et Madame Récamier ; elle devint, en 1844, la propriété d'un hôpital psychiatrique, actif jusqu'en 1920, où le peintre Toulouse-Lautrec fut traité pour alcoolisme en 1899. Aujourd'hui, cette ancienne résidence abrite une école secondaire mais plusieurs intérieurs sont demeurés intacts depuis la fin du XVIIIe siècle. Le hall d'entrée (ci-dessus) est décoré de fresques en trompe-l'œil représentant des colonnes doriques, des urnes et des statues. On remarquera aussi le dessous de l'escalier, dont la peinture imite les drapés d'une tenture. L'élément le plus spectaculaire est sans doute l'intérieur du « Grand Rocher », énorme bâtisse de style rocaille située dans le parc, dont le délabrement actuel évoque une gravure de Piranèse (à gauche). Le plafond du hall d'entrée forme une voûte à caissons, et les murs sont recouverts d'une peinture imitant le marbre. Les portes ouvrent sur une série de pièces sombres, tapissées de galets.

LYCÉE CHARLEMAGNE

Le lycée Charlemagne, fondé durant la Révolution française, occupe l'ancienne maison-mère de la Compagnie de Jésus, expulsée de France en 1762. L'édifice fut commencé au XVIIe siécle et plusieurs éléments subsistent de la présence des Jésuites, dont un magnifique plafond peint à fresque, représentant l'apothéose de Saint Louis, exécuté par le peintre bolognais Gherardini. De facture plus récente, mais tout aussi remarquablement conservée, la salle Joffre (ci-dessus), salle de classe datant du XIXe siècle, doit son nom au fameux héros de guerre français, le maréchal Joffre, ancien élève de cette école. Hélas, lorsque ce livre sera publié, ce splendide intérieur aura probablement été démoli pour faire place à une sortie de secours.

BEAUX-ARTS

L'histoire de l'École nationale supérieure des beaux-arts de Paris commence au milieu du XVIIe siècle avec la création d'une Académie nationale de peinture et de sculpture. Situé à l'origine dans le palais du Louvre, cet institut emménagea dans ses locaux actuels, sur la rive gauche de la Seine, au début du XIXe siècle. L'amphithéâtre (à droite) fait partie du palais des Études, commencé en 1820 et achevé vers 1842. À l'intérieur comme à l'extérieur, cette construction rend hommage à la Renaissance italienne. Cet amphithéâtre est décoré de peintures murales saisissantes réalisées par Delaroche, directement inspirées des fresques de Raphaël au Vatican.

ECOLE VENITIENNE
ECOLE FLAMANDE
ECOLE HOLLANDAISE
ECOLE ALLEMANDE

Lycée Henri-IV

Le lycée Henri-IV est situé dans l'ancienne abbaye de Sainte-Geneviève, siège d'un important ordre religieux aboli durant la Révolution. Cette école réside à cet emplacement depuis sa fondation en 1795, pourtant le bâtiment a gardé certains caractères originaux, dont les vestiges d'une cuisine et d'un réfectoire du XIIIe siècle. La photographie ci-contre à gauche montre un détail de l'ancienne bibliothèque, un chapiteau baroque décoré de feuillages luxuriants et de visages d'anges. Au-dessus, s'élève une coupole ornée d'une superbe fresque représentant le triomphe de saint Augustin, peinte par Restout autour de 1730.

École normale de Musique Alfred Cortot

Bâtie aux environs de 1881 par l'architecte Cochet, l'école de musique Alfred Cortot était à l'origine une demeure familiale ; c'est l'un des édifices les plus extraordinaires et les plus méconnus de Paris. La façade, variation très conventionnelle du style néo-Renaissance, ne présente pas grand intérêt, mais l'intérieur est d'une beauté à couper le souffle. L'escalier d'honneur (double page suivante), particulièrement impressionnant, rappelle par sa structure les perspectives architecturales vertigineuses conçues par les frères Bibiena. Les murs sont revêtus de marbres d'une étonnante variété, et sur le palier du premier étage, une mosaïque en trompe-l'œil transporte le visiteur jusqu'à une loggia entourée de colonnes, donnant sur un jardin ensoleillé peuplé de fontaines et de statues. Plus sobre mais tout aussi saisissant, le salon XVIIIe (ci-dessus) est aujourd'hui utilisé comme salle de concert.

BIBLIOTHÈQUES ET ARCHIVES

BIBLIOTHÈQUE NATIONALE

L'histoire de la Bibliothèque nationale débute au Moyen Âge avec la création de la Bibliothèque du roi, dont les vestiges forment le noyau de l'actuelle collection. Établie sur le site actuel en 1721, elle n'a cessé de s'agrandir depuis lors, et occupe aujourd'hui de nombreux bâtiments, dont l'ancien palais du cardinal Mazarin où subsistent des intérieurs dessinés par Mansart dans les années 1640. Le fleuron de cet établissement est la grande salle de travail (à gauche), construite en 1868 par Henri Labrouste, architecte de la bibliothèque Sainte-Geneviève (page 80). La pièce fut conçue pour éviter les risques d'incendie ; ses seize colonnettes métalliques soutiennent des coupoles revêtues de céramique éclairées chacune par une verrière centrale.

MINUTIER CENTRAL

Hôtel de Rohan

Contigu à l'hôtel de Soubise, l'hôtel de Rohan est aujourd'hui affecté aux Archives nationales ; il abrite, depuis 1927, le Minutier central des notaires de Paris. Cet édifice, bâti au début du XVIIIe siècle, est réputé pour le gracieux haut-relief des *Chevaux du Soleil*, œuvre du sculpteur Adam, au-dessus de la porte des anciennes écuries. L'intérieur, bien que profondément modifié au XIXe siècle, renferme aussi des trésors ; le plus remarquable est sans doute le cabinet des Singes, dont la décoration, réalisée par le peintre Christophe Huet en collaboration avec l'architecte Saint-Martin, fut achevée aux alentours de 1750. Cette pièce est entièrement revêtue de panneaux de bois peint, évoquant des fêtes galantes auxquelles se joignent des animaux malicieux, des singes en particulier. Un détail de l'une de ces peintures est reproduit ci-dessus.

Bibliothèque Sainte-Geneviève

La bibliothèque Sainte-Geneviève fut dessinée et construite par Henri Labrouste, architecte de la Bibliothèque nationale, en 1838-1850. La grande salle de lecture (ci-dessus) est un des premiers exemples d'architecture métallique apparente ; comme celle de la Bibliothèque nationale, elle fut conçue pour éviter les risques d'incendie. Cet intérieur est divisé en deux espaces identiques par une rangée de colonnes, détail emprunté au réfectoire du XIIIe siècle du prieuré de Saint-Martin, que Labrouste fut chargé de transformer en bibliothèque environ à la même époque. Par ses fenêtres orientées à l'est et à l'ouest, cette salle profite à la fois du soleil levant et du soleil couchant, avantage auquel fait référence la décoration du socle de la colonne centrale, sculptée de masques féminins matérialisant d'un côté le Jour et et de l'autre la Nuit.

Bibliothèque Mazarine

La bibliothèque Mazarine occupe une aile du Palais de l'Institut, construit d'après les dessins de François d'Orban et de Louis Levaut entre 1663 et 1684. Le bâtiment est aujourd'hui le siège de l'Académie française, mais il abritait à l'origine une école, le collège des Quatre Nations, fondée par Mazarin en 1661. La salle de lecture (double page suivante) est une reconstruction de la bibliothèque privée du cardinal, superbe intérieur classique achevé sous la direction de François Mansart vers 1649. La bibliothèque faisait partie de la maison du cardinal, située sur la rive opposée de la Seine, mais fut transportée sur son site actuel peu après sa mort, ainsi qu'une importante collection d'ouvrages et de manuscrits. On pénètre dans la salle de lecture par un majestueux escalier néoclassique (à droite) bordé de colonnes doriques et de bustes antiques, qui donne à cet intérieur l'allure glaciale d'un mausolée. Construit en 1824, il fut dessiné par l'architecte Léon Biet.

ARCHIVES NATIONALES

Hôtel de Soubise

Les Archives nationales occupent un ensemble de bâtiments situés dans le Marais, dont le plus important est l'hôtel de Soubise, une somptueuse demeure citadine construite par l'architecte Delemair dans la première décennie du XVIIIe siècle pour François de Rohan, prince de Soubise, et sa femme, Anne Chabot de Rohan, maîtresse de Louis XIV. L'appartement du prince se trouvait au rez-de-chaussée et celui de la princesse au premier étage. Les deux appartements furent entièrement redécorés dans les années 1730 par Germain Boffrand, assisté de quelques-uns des meilleurs artistes de l'époque. Le sculpteur Lemoine est sans doute l'auteur de la décoration du salon du prince. Cette illustration montre un bas-relief d'une exceptionnelle beauté symbolisant le pouvoir de la poésie. Sur la gauche, un personnage assis lit les premières lignes de l'*Énéide* de Virgile, tandis qu'à droite un autre personnage vacille, cachant son visage de sa main pour masquer son émotion. La décoration de l'appartement de la princesse (en bas à gauche) est tout aussi splendide, mais de style plus léger, remarquable travail de peinture, de dorure et de sculpture.

BIBLIOTHÈQUE DE L'ARSENAL

La bibliothèque de l'Arsenal est une ancienne fabrique de poudre à canon, convertie en bibliothèque au début du XIXe siècle. Le salon de musique (à droite) date de 1745, et faisait jadis partie des appartements privés du comte d'Eu, gouverneur de l'Arsenal et grand maître de l'artillerie du roi. Les dessus-de-porte en grisaille reproduisent une série de bas-reliefs intitulée *les Quatre Saisons,* œuvre sculptée par Bouchardon pour la fontaine de la rue de Grenelle.

BANQUES ET BUREAUX

Banque de France

Hôtel Gaillard

L'hôtel Gaillard est un palais de style néo-Renaissance en brique et en pierre, bâti entre 1878 et 1884 pour un banquier amateur d'art, le baron Émile Gaillard. Cette demeure avait été conçue pour abriter l'immense collection d'œuvres d'art de ce dernier, qui comprenait des peintures, des meubles et des fragments architecturaux datant du Moyen Âge et du début de la Renaissance. Après la mort du collectionneur, en 1902, la plupart de ces trésors furent vendus, mais les fragments architecturaux demeurèrent insérés dans la structure du bâtiment. L'encadrement de porte en pierre de taille, illustré ci-dessus, proviendrait du château de Fontainebleau et daterait du règne de François Iᵉʳ. La statuette ailée sur l'escalier représente le baron lui-même.

Société immobilière de la Charcuterie française

La corporation des charcutiers français fut fondée au XVᵉ siècle, mais ce n'est qu'au début du XXᵉ qu'un bâtiment fut édifié à Paris, par l'architecte Jules Michel, pour en abriter le siège. La façade de cet édifice est sans grand intérêt, mais le hall d'entrée (ci-contre) est d'une splendeur éblouissante : les murs sont tapissés d'enseignes de bouchers, peintes ou dorées, indiquant le nom des donateurs qui contribuèrent à financer la construction de cet immeuble. Cette pièce est éclairée par une immense fenêtre dont les vitraux illustrent les vertus attachées au commerce de la charcuterie. Un buste exécuté par Alfred Boucher (sans jeu de mot) rend hommage à un ancien président de la corporation.

ALEXANDRE
J. HUMMEL
BOUVARD
A.C.S.
AGENCE DES
CHAMBRES
SYNDICALES
CESSION DE FONDS
CHARCUTERIE
COMESTIBLES
SALAISONS
LA COMPTABILITE
D'ACCORD AVEC
LES LOIS FISCALES
EN VIGUEUR
G. LEHEC
& G. DORÉE
EXPERTS-COMPTABLES
98 Bd SÉBASTOPOL
PARIS 3e
TEL ARCHIVES 44·99
CHARCUTERIE
FABRE & Cie
BOYAUX SECS
ASSURANCE
FONDS
DE
CHARCUTERIE
26 Rue Montmartre
CABINET
BONNARD

SICOMI

Hôtel de Bony

Sans le secours d'une protestation publique qui s'éleva au milieu des années 1970, cette magnifique demeure néo-classique aurait sans doute été détruite. Au lieu de quoi elle a été classée monument historique et entièrement restaurée. Le bâtiment date de la fin des années 1820 ; il est situé dans un quartier baptisé La Nouvelle France, où l'on trouve encore plusieurs maisons datant de la fin du XVIIIe et du début du XIXe siècle, parmi lesquelles l'hôtel Botterel-Quintin (page 90) et l'hôtel de Bourrienne (page 51). L'architecte, Jules de Joly, fut un élève de Percier, dont on perçoit l'influence dans le superbe salon peint (ci-dessus), converti aujourd'hui en salle du conseil, qui communique avec le hall d'entrée, austère mais élégant grâce à la présence de colonnes en *scagliola*.

BANQUE DE FRANCE

Hôtel de Toulouse

La galerie Dorée (à droite) au siège de la Banque de France faisait autrefois partie de l'hôtel de Toulouse, construit dans la première moitié du XVIIe siècle par l'architecte François Mansart pour le marquis de la Vrillière, acheté en 1713 par Louis-Alexandre de Bourbon, comte de Toulouse, fils naturel légitimé de Louis XIV et de sa maîtresse Madame de Montespan. Les proportions de la pièce sont restées inchangées depuis sa construction, mais le plafond, dû à François Perrier, jadis peint en grisaille, a été « coloré » à la demande du comte de Toulouse autour de 1718-1719. Les lambris dessinés et réalisés par l'architecte Robert de Cotte, en collaboration avec le sculpteur François-Antoine Vassé, datent de la même époque. Les peintures accrochées aux murs sont des copies de tableaux de maîtres confiés au musée du Louvre dans les années 1870, période à laquelle cette pièce fut entièrement rénovée. Cette galerie, conçue à l'origine pour exposer des œuvres d'art, fut ensuite utilisée pour stocker du papier par les imprimeries nationales, qui occupèrent ce bâtiment de 1793 à 1808. Elle sert aujourd'hui de salle de réceptions et de conférences.

SFICA

Hôtel de Botterel-Quintin

L'hôtel de Botterel-Quintin date du début des années 1780 ; il est généralement attribué à l'architecte Perard de Montreuil. L'intérieur est de style néo-classique : la décoration pompéienne de l'escalier montre de superbes fresques où figurent des chariots miniatures tirés par des insectes ailés. La salle à manger (ci-dessus), actuelle salle du conseil, est dotée d'un superbe sol dallé de marbre et d'un plafond orné d'une frise peinte. Les murs sont bordés de solides colonnes doriques qui soutiennent une corniche très saillante, rehaussée de peintures à sujets d'arabesques et de personnages mythologiques. Dans les niches sont placés des socles sur lesquels devaient jadis reposer des statues. Cet intérieur offre un bel exemple d'utilisation du *scagliola*, plâtre composite imitant le marbre ; ce matériau d'origine italienne fut très employé à la fin du XVIIIe et au début du XIXe siècle.

MUSÉES

Tour de Jean-sans-Peur

La tour de Jean-sans-Peur est le seul vestige de l'ancien hôtel de Bourgogne, somptueux palais érigé au Moyen Âge par les ducs de Bourgogne. La tour, qui date du début du XVe siècle, tient son nom de l'homme qui la fit construire, Jean de Bourgogne, surnommé Jean sans Peur. Pourtant, ce dernier s'en servit de cachette après qu'il eut assassiné son rival, le duc d'Orléans, chef de la maison d'Armagnac, ennemi juré des Bourguignons.

Au centre de la tour s'élève un très bel escalier à vis, dont le pivot s'épanouit à la voûte en forme de branches de chêne, symbolisant le pouvoir et l'irrésistible ascension de la maison de Bourgogne (ci-dessus).

Musée Carnavalet

Photographiée alors qu'elle était en train d'être reconstruite, l'ancienne salle de bal de l'hôtel Wandel ci-contre est l'un des plus beaux fleurons du musée Carnavalet. Cette salle fut décorée en 1923-1924 par le peintre catalan José Maria Sert, dans un style s'inspirant de la peinture française et vénitienne du XVIIIe siècle. Les murs et le plafond sont revêtus de boiseries argentées peintes en sépia pour représenter la visite du roi Salomon à la reine de Saba. Des nuages tourmentés soulignent l'importance dramatique de l'événement. Le musée Carnavalet abrite plusieurs intérieurs d'époque. Le plus ancien date du milieu du XVIIe siècle ; il s'agit du cabinet de l'ancien hôtel de Colbert-Villacerf. D'autres encore sont en pièces détachées dans les réserves du musée, et attendent que les fonds et l'espace nécessaires soient libérés pour permettre leur reconstruction.

Hôtel de Cluny

Le plus ancien intérieur de Paris est celui des thermes gallo-romains de l'hôtel de Cluny (ci-dessus), qui servit au cours des siècles de grange, d'écurie, d'abri pour les diligences, d'atelier de tonnellerie et de blanchisserie. Ces thermes datent du règne de Caracalla, vers l'an 215. Saccagé lors des invasions barbares et démoli par les Normands, le bâtiment disparut peu à peu sous un amas de terre et de végétation. Des fouilles furent entreprises pour le dégager en 1819, et la vraie valeur de cet édifice fut enfin reconnue en 1837, date à laquelle il devint propriété de la Ville de Paris, qui le fit restaurer par Albert Lenoir avant de le léguer à l'État. Et c'est en 1844 qu'il fut enfin ouvert au public comme musée. Les fouilles se poursuivent, mais la plupart des archéologues s'accordent pour reconnaître qu'il fut construit par une corporation d'armateurs, dont l'emblème, une proue de navire, apparaît dans les consoles qui soutiennent la voûte (en haut, à gauche).

HÔTEL DE LAUZUN

L'hôtel de Lauzun est une demeure citadine datant du milieu du XVIIe siècle, située sur l'île Saint-Louis, en bordure de la Seine. Il fut bâti pour Charles Gruyn des Bordes, que les guerres avaient enrichi, mais tient son nom de l'occupant suivant, le duc de Lauzun, qui acheta la maison en 1681, après son mariage avec la Grande Mademoiselle, première cousine du roi Louis XIV. Après la Révolution, cet immeuble fut divisé en plusieurs unités, et mis en location ; on le baptisa alors l'hôtel des Teinturiers, car le sous-sol et le rez-de-chaussée étaient occupés par un commerce de teinturerie et de blanchisserie. Charles Baudelaire y fut locataire dans les années 1840, ainsi que Théophile Gautier, à qui cette maison inspira le décor d'une nouvelle intitulée *Les Haschichins ;* cette histoire sinistre, racontant la vie d'un cercle de toxicomanes, était fondée sur des faits réels, car chez un autre locataire, Fernand Boissard, se réunissait un club de fumeurs de haschich. La fumée s'est depuis longtemps dissipée et cette demeure est aujourd'hui un respectable musée, fort beau d'ailleurs, dans lequel on peut admirer plusieurs intérieurs dont la décoration date du XVIIe siècle. Le salon de musique (ci-contre) est doté de tribunes et d'un plafond peint attribué à Dorigny, élève de Simon Vouet.

Musée des Arts africains et océaniens

Édifié à l'occasion de l'Exposition Coloniale de 1931, le musée des Arts africains et océaniens est un chef-d'œuvre de l'architecture et de la décoration intérieure Art Déco. Le salon Paul Reynaud (ci-contre) fut conçu par Jacques-Émile Ruhlmann ; c'est peut-être l'intérieur parisien le mieux conservé dans son style. Cette pièce fut ainsi nommée par égard pour le ministre des Colonies de l'époque, et ce furent les colonies qui fournirent la plupart des matériaux utilisés pour la décoration et le mobilier. Le sol est incrusté d'ivoire, tout comme le bureau, et les portes sont équipées de poignées en ivoire ; les vases sont l'œuvre d'Edgar Brandt, et les murs décorés de fresques allégoriques peintes par Louis Bouquet symbolisant les bienfaits de la colonisation française.

Tout aussi impressionnant est le salon du Maréchal Lyautey (ci-dessus) qui contient un mobilier magnifique, en bois exotique, et notamment un fauteuil recouvert de tapisserie. Perché sur un palmier, le coq gaulois domine la situation...

Musée Grévin

Le Palais des Mirages (double page suivante) est un lieu qui peut se transformer grâce à un ensemble de miroirs et de mécanismes, en une jungle tropicale, un temple hindou ou un palais mauresque.
Cet intérieur date de 1900 ; il fut dessiné par l'architecte Émile Hénard pour être exposé à l'Exposition internationale, où il fut remarqué puis acheté par le directeur du musée Grévin, célèbre musée de cires fondé en 1880.

MUSÉE GUSTAVE-MOREAU

Le musée Gustave-Moreau est l'un des principaux attraits de la capitale. Des milliers de visiteurs pénètrent dans ses ateliers et ses salles d'exposition chaque année. Mais rares sont les personnes autorisées à visiter les appartements privés, occupés jadis par les parents de Gustave Moreau, restés intacts depuis sa mort en 1898. Cet intérieur évoque à merveille la vie d'une famille française bourgeoise et cultivée dans la seconde moitié du XIXe siècle. Évocation trop parfaite, en réalité, car cet endroit n'est pas exactement tel qu'il était du vivant de la mère et du père de Moreau, mais tel que le peintre lui-même l'aménagea durant les dernières années de sa vie, s'appliquant à recréer, pour la postérité, un portrait de famille idéalisé.

AMBASSADES

Ambassade d'URSS

Hôtel d'Estrées

Il est assez surprenant de découvrir que l'ambassadeur soviétique à Paris réside dans un palais ducal du XVIIIe siècle. En visitant l'ambassade d'URSS, on constate également que dans la salle à manger (ci-dessus), au premier étage, les dessus-de-porte comportent toujours le monogramme d'un ancien tsar, et la corniche est décorée de l'aigle à deux têtes de la Russie impériale. Cet intérieur date des années 1860, mais la maison elle-même est plus ancienne ; elle fut construite entre 1711 et 1713 par Robert de Cotte et restaurée récemment par un groupe d'experts appartenant à l'Hermitage de Leningrad. Et certains parlent encore d'inconoclasme bolchévique...

DUFF COOPER
LECTORE
SALVE AMICE ET LEGE

Ambassade de Grande-Bretagne

Hôtel de Charost

L'hôtel de Charost est la résidence officielle de l'ambassadeur du Grande-Bretagne en France depuis 1814, date à laquelle le duc de Wellington l'acheta à Pauline Borghese, jeune sœur de Napoléon, après la chute du Premier Empire. L'hôtel fut construit vers 1720 pour la famille du duc de Charost et fut la première ambassade permanente d'Angleterre à l'étranger. Sur le plan architectural, elle reste encore aujourd'hui la plus somptueuse ; elle renferme en effet des éléments décoratifs de presque tous les styles qui se sont succédés depuis Louis XV, dont une magnifique collection de meubles et de bronzes Empire, rassemblée par Pauline Borghèse. La salle du Trône (ci-dessus) évoque le règne de la reine Victoria, qui fut reçue ici plusieurs fois et dont le monogramme est sculpté dans le bois des chaises. Les armes royales sont représentées au centre du tapis et sur le dais qui surmonte le trône. La bibliothèque Duff Cooper (ci-contre) date de 1945, elle tient son nom de l'ambassadeur qui la fit bâtir, sir Alfred Duff Cooper, qui tint le rôle ingrat de médiateur entre sir Winston Churchill et le général de Gaulle après la libération de Paris. Cet intérieur évoque le Premier Empire et fut conçu par trois grands créateurs français de l'époque : l'architecte Georges Geoffroy, le peintre et décorateur de théâtre Christian Bérard et le fameux collectionneur millionnaire Charles de Beistegui. Ce fut Duff Cooper qui eut l'idée de placer le portrait en bas-relief du duc de Wellington au-dessus de la porte de droite ; le portrait de Pauline Borghèse, accroché sur le mur opposé, lui fait pendant. Les fonds et les matériaux disponibles pour l'exécution de ce décor étaient très limités, et les constructeurs durent faire preuve d'une grande ingéniosité alliée à un sens aigu de l'économie. Ainsi les vases et les bustes sont en papier mâché, recouvert d'une laque imitant le granit ; les lambris et les colonnettes sont en contre-plaqué, veiné dans les mêmes teintes que l'acajou. Une inscription latine souhaite bienvenue au visiteur.

Ambassade d'Italie

Hôtel de Boisgelin

L'ambassade d'Italie occupe l'ancien hôtel de Boisgelin, bâti aux alentours de 1732 et occupé de 1783 à 1792 par Jean de Dieu-Raymond de Boisgelin, archevêque d'Aix, qui lui donna son nom. Le majestueux escalier de marbre (ci-contre) date du Second Empire, époque à laquelle la maison fut entièrement rénovée pour le duc de Doudeauville Bisaccia, un puritain notoire qui, en tant que ministre des Arts, fit allonger les jupes des ballerines de l'Opéra de Paris et masquer de feuilles de vigne la nudité des statues antiques dans tous les musées français. La salle des Fêtes (ci-dessus) date de la fin des années 1930 ; son décor évoque l'atmosphère d'un théâtre sicilien du XVIIIe siècle. Les murs sont habillés de lambris de bois sculpté et doré, rescapés du Palazzo Bagheria, près de Palerme, tandis que les lustres et appliques proviennent du Palazzo di Pola. La toile de fond représente un paysage maritime de Sicile, et le plafond est une réplique d'un plafond de l'hôpital municipal de Palerme. Cet intérieur fut conçu par l'architecte français Félix Bruneau, en collaboration avec l'antiquaire vénitien Adolfo Leovi. Il fait partie d'une enfilade de pièces, chacune décorée dans un style différent rappelant une région de la péninsule.

Ambassade de Pologne

Hôtel de Monaco

En 1837, le palais royal de Versailles fut ouvert au public. L'impact qu'eut cet événement sur l'évolution de l'architecture et des arts décoratifs fut immédiat et de longue portée. L'hôtel de Monaco, occupé depuis 1837 par l'ambassade de Pologne, est un bel exemple du style néo-Louis XIV, très en vogue en Angleterre depuis les années 1820. Cette maison fut en effet construite pour le compte d'un banquier et collectionneur d'origine néerlandaise, William Williams Hope, mais elle tient son nom de l'ancien édifice qui s'élevait à cet emplacement, l'hôtel de Monaco, bâti par Brongniart pour la princesse de Monaco, quelques années avant la Révolution. On peut voir, page suivante, l'un des salons situés au premier étage, d'où l'on aperçoit la salle à manger en marbre (à droite) et une autre salle de réception tendue de soie damassée verte (à gauche). Ce salon sert aujourd'hui de salle de concert, fonction qui s'accorde parfaitement au décor de lyres antiques peintes au sommet de la corniche.

Ambassade de la République fédérale d'Allemagne

Hôtel de Beauharnais

La restauration des monuments historiques est bien souvent une question de politique et d'argent. Or, quand fut entreprise la rénovation de l'hôtel de Beauharnais, qui s'étala de 1965 à 1968, la situation politique et économique ne pouvait être plus favorable. Cette demeure fut bâtie au début du XVIIIe siècle par Germain Boffrand, mais la décoration intérieure fut entièrement rénovée dans le style Empire par Nicolas Bataille en 1804-1806 pour Eugène de Beauharnais, beau-fils de Napoléon. En 1818, l'édifice fut acheté par le roi de Prusse, Frédéric-Guillaume III, et devint plus tard la résidence officielle de l'ambassadeur d'Allemagne. Après la Seconde Guerre mondiale, le gouvernement français confisqua le bâtiment et y installa des bureaux ministériels. Puis vint le temps du rapprochement entre la France et la République fédérale d'Allemagne, favorisé par les liens d'amitiés qui unissaient le général de Gaulle et son homologue allemand Konrad Adenauer. En 1962, en signe de réconciliation, l'hôtel de Beauharnais fut rendu au gouvernement fédéral allemand qui, en échange, dépensa plusieurs millions de deutschmarks pour restaurer ce joyau de l'architecture française. Le résultat de ces travaux est tout simplement spectaculaire ; il s'agit d'une des plus belles réussites de ces dernières années dans le domaine de la restauration. L'intérieur contient à la fois d'immenses salles de réception et des appartements privés au décor plus intime. Le salon de musique (ci-dessus à gauche), est décoré de sujets féminins représentant des Muses. La chambre à coucher (ci-dessus à droite) est meublée d'un lit à baldaquin, en acajou et bronze doré, flanqué de colonnes doubles soutenant le dais, duquel tombent des rideaux de soie brodée. Derrière le lit, on aperçoit un fragment de miroir, brisé par une balle perdue durant les émeutes de la Commune de Paris en 1871. Sur la console, se trouve un buste d'Hortense de Beauharnais, sœur d'Eugène, qui vécut occasionnellement dans cette maison en l'absence de son frère.
Le boudoir turc (page suivante), de style mauresque, est bordé d'arcades soutenues par de fines colonnettes. La frise évoque la vie des membres du harem d'un sultan, depuis le marché aux esclaves jusqu'au sérail. La salle de bains (page 109) est de style néo-classique ; elle ressemble à celle de Madame Tallien dans l'hôtel de Chanaleilles et à celle de l'hôtel de Bourrienne (voir page 51), qui datent toutes deux de la même époque. Le sol, incrusté de marbre, pourrait provenir d'une villa de Pompéi. Une frise figurant des dauphins et des instruments de musique antiques encadre le panneau central, qui représente l'Enlèvement d'Europe. Le plafond est orné d'angelots entourant la déesse d'une rivière ; il est soutenu par dix-huit colonnettes de bois, revêtues d'une peinture imitant le marbre, et éclairé par une lampe à huile électrifiée. La baignoire est en marbre véritable avec des ornements en bronze doré représentant des sujets mythologiques.

BÂTIMENTS PUBLICS ET ADMINISTRATIFS

CONSEIL D'ÉTAT

Le Conseil d'État occupe depuis 1875 une enfilade de pièces somptueuses dans le Palais Royal, qui était à l'origine le palais Cardinal, commencé pour le cardinal Richelieu en 1634. Il fut occupé en particulier par Louis-Philippe, duc d'Orléans, qui commanda au milieu du XVIIIe siècle l'escalier d'honneur (ci-contre) dessiné par Contant d'Ivry. Des effets de perspective et une utilisation ingénieuse de l'espace donnent un air de grandeur à une pièce de taille relativement modeste. La chapelle néo-gothique (ci-dessus) fut construite aux alentours de 1859 pour le prince Napoléon, neveu de l'empereur, et sa femme Marie-Clotilde de Savoie, fille de Victor Emmanuel II d'Italie. Les armoiries du couple apparaissent dans les vitraux de la fenêtre : des aigles pour le prince, et des croix blanches pour la princesse. Cette chapelle a conservé son papier peint au pochoir d'origine, ainsi qu'une paire de prie-Dieu recouverts de velours cramoisi. Une statue de la Vierge occupait jadis la console au-dessus de l'autel ; retirée pendant la Seconde Guerre mondiale et mise en lieu sûr dans un château de la Loire, elle n'a jamais été replacée dans son site d'origine. Cette chapelle sert aujourd'hui de salle de rangement occasionnelle.

Sénat

Le Sénat occupe l'ancien palais du Luxembourg, construit d'après les dessins de Salomon de Brosse entre 1615 et 1630. Le bâtiment fut édifié pour Marie de Médicis, Florentine dépaysée, et son architecture maniériste rappelle celle du Palais Pitti de Florence. Cette résidence connut ensuite divers hôtes de marque, dont le comte de Provence, futur Louis XVIII, et servit de prison pendant la Révolution. Ce n'est que sous le Directoire qu'elle devint le siège d'une chambre parlementaire. Peu de choses subsistent de la décoration d'origine, hormis certains fragments architecturaux provenant des appartements privés de Marie de Médicis. L'intérieur photographié ci-contre date du Second Empire ; il fut dessiné par l'architecte Alphonse de Gisors, assisté des peintres Lehmann, Aloux et Brune. Son opulence, typique du règne de Napoléon III, rappelle également le XVIIe siècle, en hommage à sa première occupante.

Hôtel de Ville

L'Hôtel de Ville est le plus fier hôtel de ville qui soit, construit entre 1873 et 1883 par les architectes Théodore Ballu et Édouard Deperthes. La façade rappelle celle du précédent édifice, bâti en 1533 sur la place de Grève et incendié par les communards en 1871. L'intérieur est plus éclectique ; il comprend un nombre incalculable de salles de réception et de salles de réunion, somptueusement décorées à la gloire de la IIIe République par une armée de peintres et de sculpteurs recrutés parmi l'*establishment* artistique. Le salon des Arcades (ci-dessus) est typique du genre. Cette pièce est divisée en trois salons de réception distincts, dont la décoration évoque pour chacun un thème particulier : la littérature, la science, les arts.

Palais de l'Élysée

Depuis 1874, le palais de l'Élysée est la résidence officielle du président de la République. Cette demeure fut édifiée sous la Régence ; on l'appelait alors l'hôtel d'Evreux, du nom de celui qui en avait passé commande, Henri de La Tour d'Auvergne, comte d'Évreux. Parmi les gens qui y vécurent ensuite, citons Madame de Pompadour, Napoléon Ier, le tsar Alexandre de Russie et Napoléon III. Le bâtiment est un modèle d'architecture classique à la française, et la décoration intérieure évoque différentes époques allant du début du XVIIIe siècle à l'époque actuelle. Le salon Argent (ci-dessus à gauche) et la salle de bains de l'impératrice Eugénie (ci-dessus à droite) présentent un intérêt particulier. Le premier de ces intérieurs date du temps de Caroline Murat, sœur de Napoléon, qui vécut ici avec son mari Joachim de 1805 à 1808, avant de monter sur le trône de Naples. Cette pièce est remarquable par la décoration argentée des portes, des boiseries, des moulures et du mobilier, ce dernier attribué à Jacob Desmalter. Le matériau utilisé est de l'or blanc plutôt que de l'argent, qui s'oxyde rapidement et noircit. Des lyres antiques figurent dans le bois sculpté des lambris et des fauteuils, et dans les peintures qui ornent le mur près de la porte, d'où l'hypothèse que cette pièce était peut-être jadis un salon de musique. C'est ici que Napoléon signa son abdication, en 1815, après la défaite de Waterloo. C'est ici aussi qu'en 1851 fut préparé le coup d'État qui mit fin à la IIe République et fit du président Louis-Napoléon Bonaparte l'empereur de France... ce qui nous amène dans la salle de bains de l'impératrice Eugénie, dessinée par l'architecte Eugène Lacroix à la fin des années 1850. Cette pièce est un rare exemple d'intérieur décoré de miroirs peints ; ces peintures, qui représentent des sujets mythologiques et divers ornements, sont l'œuvre de Jean-Louis Godon. La baignoire d'origine (que l'on devine sur la droite) a été convertie en un sofa, et cette pièce sert aujourd'hui de salon privé.

Ministère de la Marine

Les Français raffolent des grandes perspectives, qui caractérisent toutes leurs grandes villes, leurs jardins et jusqu'à leur décoration d'intérieur. C'est une perspective qui semble se prolonger à l'infini que rencontre le regard lorsqu'on contemple l'enfilade dorée des salles de réception du Ministère de la Marine (ci-contre). Ce palais, situé sur la place de la Concorde, fut bâti d'après les dessins de Jacques-Ange Gabriel entre 1768 et 1774, mais il subit de profondes transformations sous le Second Empire. Cet édifice servait jadis d'entrepôt pour la collection de meubles, de bronzes et de porcelaines de la famille royale ; il devint le siège du Ministère de la Marine à la Révolution.

Ministère des Finances

Le ministère des Finances occupe une aile du Nouveau Louvre que fit construire Napoléon III en 1852-1857, par les architectes Visconti et Lefuel. Le Grand Salon (ci-contre) est parfaitement représentatif de la décoration intérieure de cet édifice, si pompeuse qu'elle provoque parfois chez le visiteur un fou rire nerveux. Ce salon reflète le pouvoir de l'argent et de l'ambition politique, mais il témoigne aussi du soin avec lequel ce bâtiment a été entretenu par ses occupants actuels ; ceux-ci devront bientôt, à contre cœur, en remettre les clés au musée du Louvre, actuellement en pleine expansion. Les peintures, sur les murs et au plafond, retracent l'histoire de la construction du palais du Louvre ; on y voit divers monarques inspectant les dessins que leur soumettent les constructeurs. Le lustre central était le plus grand jamais réalisé avant d'être détrôné par ceux que Garnier fit fabriquer pour l'Opéra de Paris. Au centre de la pièce se trouve un sofa rond qui, pour des raisons évidentes, fut appelé « indiscret » au XIXe siècle.

Mairie du Ve arrondissement

Chacun des vingt arrondissements de Paris est doté d'une mairie. Celle du cinquième arrondissement est située place du Panthéon, face à l'ancienne église Sainte-Geneviève. Le bâtiment fut édifié à partir de 1844, mais la salle des fêtes (ci-dessus) fait partie d'une aile ajoutée à la fin des années 1920. L'intérieur fut décoré aux alentours de 1935 par le peintre Gustave-Louis Jaulmes. La fresque que l'on aperçoit derrière l'estrade représente trois allégories : la Littérature, la Science et la Justice, ce qui est tout à fait approprié puisque cette mairie est située au cœur du quartier universitaire. Les portes monumentales au premier plan nous rappellent l'importance du fer forgé dans l'architecture française des années 1930.

TOILETTES PUBLIQUES
PLACE DE LA MADELEINE

Cet élégant « pipi-room » Art Nouveau (ci-dessus) est tout proche de ce monument dépourvu d'humour qu'est l'église de la Madeleine ; on y pénètre par un escalier en colimaçon donnant sur la place. Il fut construit en 1905 par Porcher et Compagnie. À l'origine, il y avait deux établissements semblables et nettement séparés, celui-ci pour les dames et un autre, tout proche qui était réservé pour les messieurs. Ce dernier ayant été converti en salle de contrôle pour l'agence nationale des télécommunications, l'établissement pour dames est aujourd'hui ouvert à tous. Les jolies portes en bois ornées de vitraux fleuris sont d'origine, ainsi que la frise et le plafond en céramique, et l'on admirera le majestueux fauteuil où l'on s'assoit pour faire cirer ses chaussures, sauvé *in extremis* de l'ancien établissement des messieurs.

RÉPERTOIRE

On trouvera ci-dessous, classés par rubrique et par ordre alphabétique, tous les intérieurs illustrés dans l'ouvrage. Les renseignements fournis ici étaient exacts alors que nous mettions sous presse, cependant le lecteur est invité à vérifier les heures d'ouverture, etc., avant d'entreprendre une visite.

Les intérieurs qui ne sont pas ouverts au public peuvent parfois être visités sur rendez-vous. Se renseigner auprès de la Caisse nationale des Monuments historiques et des Sites, Hôtel de Sully, 62, rue Saint-Antoine, 75004 (tél. : 48 87 24 14) qui organise des visites guidées, dont le programme (gratuit) est publié tous les deux mois et disponible au siège et dans la plupart des musées.

MAGASINS

À LA MÈRE DE FAMILLE

Voir page 24
Adresse : 35, rue du faubourg Montmartre, 75009
Téléphone : 47 70 83 69
Métro : Le Peletier
Heures d'ouverture : 8 h à 13 h 30, 15 h à 17 h mar.-ven. ; 8 h à 13 h 30 sam.

AUX CINQ POISSONS

Voir page 24
Adresse : 24, rue du faubourg Montmartre, 75009
Téléphone : 48 24 57 40
Métro : Rue-Montmartre
Heures d'ouverture : 8 h à 13 h mar.-dim.

BOULANGERIE AZRAK

Voir page 22
Adresse : 56, rue Vaneau, 75007
Téléphone : 45 48 98 16
Métro : Vaneau
Heures d'ouverture : 8 h à 13 h 30, 15 h 30 à 18 h tous les jours sauf mer.

BACCARAT

Voir page 21
Adresse : 30 *bis*, rue de Paradis, 75010
Téléphone : 47 70 64 30
Métro : Château-d'Eau
Heures d'ouverture : salles d'exposition et musée ouverts de 9 h à 17 h 30 lun.-ven. ; 10 h à 12 h et 14 h à 17 h sam. ; les salles photographiées dans cet ouvrage ne sont ouvertes qu'aux clients de marque.

DEBAUVE ET GALLAIS

Voir page 20
Adresse : 30, rue des Saints-Pères, 75007
Téléphone : 45 48 54 67
Métro : Rue-du-Bac / Saint-Germain-des-Prés
Heures d'ouverture : 10 h à 12 h 45 et 14 h à 18 h 45 mar.-dim. ; fermeture à 17 h 45 sam.

DEYROLLE

Voir page 18
Adresse : 46, rue du Bac, 75007
Téléphone : 42 22 30 07
Heures d'ouverture : 9 h-12 h 30 et 14 h-16 h 30 lun.-sam.
Métro : Rue-du-Bac

Situé dans l'ancien hôtel Samuel Bernard, construit entre 1741 et 1744 d'après des dessins de Germain Boffrand ; vestiges d'une décoration rococo autrefois magnifique, en particulier dans la première pièce du premier étage.

GALERIE VIVIENNE

Voir page 17
Adresse : 4, rue des Petits-Champs / 6, rue Vivienne / 5, rue de la Banque, 75002
Métro : Bourse / Palais-Royal
Heures d'ouverture : entrée donnant sur la rue de la Banque ouverte en permanence ; celles donnant sur la rue Vivienne et la rue des Petits-Champs sont ouvertes de 6 h à 21 h 30.

TEINTURERIE HUGUET

Voir page 23
Adresse : 47, avenue Marceau, 75016
Téléphone : 47 20 23 02
Métro : Alma-Marceau / George-V
Heures d'ouverture : 9 h à 18 h 30 lun.-ven.

C. T. LOO ET CIE

Voir page 16
Adresse : 48, rue de Courcelles, 75008
Téléphone : 42 25 17 23
Métro : Courcelles
Heures d'ouverture : 10 h à 12 h 30 et 14 h 30 à 18 h 30 lun.-sam.

Intérieurs de style indien et oriental datant de 1926-1928 ; dessiné par le marchand d'art chinois Ching Tsai Loo et l'architecte français Fernand Bloch ; à voir surtout : au rez-de-chaussée, salle d'exposition à caissons, porte en forme de lune et plafond orné de moulures en forme d'animaux de style Han ; cage d'ascenseur et balustrade de l'escalier principal d'inspiration chinoise ; au sous-sol, sanctuaire octogonal avec des bas-reliefs inspirés des temples de pierre bouddhistes de la Chine des Ve et VIe siècles ; au premier étage, galeries aux murs recouverts de laque des XVIIe et XVIIIe siècles ; à l'étage supérieur, salle indienne ornée de lambris du XIXe siècle.

ROBERT MONTAGUT

Voir page 25
Adresse : 15, rue de Lille, 75007
Téléphone : 42 60 29 25
Métro : Rue-du-Bac / Saint-Germain-des-Prés
Heures d'ouverture : 10 h 30 à 12 h 30 et 14 h 30 à 17 h lun.-sam. ; intérieur visible à travers la vitrine à toute heure.

Magasin d'antiquités spécialisé dans les objets provenant d'anciennes pharmacies ; intérieur lambrissé et autres éléments provenant d'une apothicairerie avignonnaise du début du XVIIe siècle, achetée et reconstituée en 1987 par le propriétaire actuel ; boiseries en noyer sculpté représentant des plumes et des feuilles de chêne, recouvertes au XVIIIe siècle d'une laque bleu-vert devenue jaune pâle, remarquable collection de pots de faïence placés dans des niches formant des arcades miniatures ; poutres apparentes, plancher en pierre et lustre à bougies.

STERN

Voir page 19
Adresse : 47, passage des Panoramas, 75002
Téléphone : 45 08 86 45
Métro : Rue-Montmartre
Heures d'ouverture : 9 h 30 à 12 h 30 et 13 h 30 à 17 h 30 lun.-ven.

RESTAURANTS ET CAFÉS

ANGELINA

Voir page 27
Adresse : 226, rue de Rivoli, 75001
Téléphone : 42 60 82 00
Métro : Tuileries
Heures d'ouverture : 9 h 30 à 17 h.

CADOR

Voir page 32
Adresse : 2, rue de l'Amiral-Coligny, 75001
Téléphone : 45 08 19 18
Métro : Louvre / Pont-Neuf
Heures d'ouverture : 9 h à 19 h mar.-dim.

CARREFOUR BOUCHEZ

Voir page de titre
Adresse : 116, avenue Ledru-Rollin, 75011
Téléphone : 47 00 34 39
Métro : Ledru-Rollin
Heures d'ouverture : 7 h à 22 h 30 mar.-dim., 7 h à 21 h lun.

Brasserie Art Nouveau datant de 1900 env. ; fresques d'origine et plafond peint représentant une bacchanale ; deux panneaux jumeaux en céramique dans le style de Mucha représentant le Printemps et l'Été sous les traits de deux nymphes légèrement vêtues ; bar modern style de 1930 env. ; superbe façade.

CHARTIER

Voir page 33
Adresse : 7, rue du Faubourg-Montmartre, 75009
Téléphone : 47 70 86 29
Métro : Rue-Montmartre
Heures d'ouverture : 11 h à 15 h, 18 h à 21 h 30 tous les jours.

LE COCHON À L'OREILLE

Voir page 29
Adresse : 15, rue Montmartre, 75001
Téléphone : 42 36 07 56
Métro : Les Halles
Heures d'ouverture : 4 h à 15 h mar.-dim., 6 h à 15 h lun.

JULIEN

Voir page 34
Adresse : 16, rue du Faubourg-Saint-Denis, 75010
Téléphone : 47 70 12 06
Métro : Bonne-Nouvelle / Strasbourg-Saint-Denis
Heures d'ouverture : 12 h à 15 h 30 et 19 h à 2 h du matin tous les jours.

LE PIGALLE

Voir page 37
Adresse : 22, boulevard de Clichy, 75018
Téléphone : 46 06 72 90
Métro : Pigalle
Heures d'ouverture : 7 h 30 à 5 h du matin tous les jours.

LA POTÉE DES HALLES

Voir page 28
Adresse : 3, rue Étienne-Marcel
Téléphone : 42 36 18 68
Métro : Étienne-Marcel
Heures d'ouverture : 12 h à 14 h 30 et 19 h à 22 h 30 lun.-ven., 19 h à 22 h 30 sam.

LE TRAIN BLEU

Voir pages 30-31
Adresse : gare de Lyon-20, bd Diderot, 75012
Téléphone : 43 43 09 06 / 43 43 38 39
Métro : Gare-de-Lyon
Heures d'ouverture : restaurant ouvert tous les jours de 12 h à 14 h 15 et de 19 h à 21 h 45 ; bar ouvert tous les jours de 9 h à 22 h.

LE VAGENENDE

Voir page 35
Adresse : 142, boulevard Saint-Germain, 75006
Téléphone : 43 26 19 44
Métro : Odéon / Mabillon
Heures d'ouverture : 12 h à 15 h et 19 h à 1 h du matin tous les jours.

LE VAUDEVILLE

Voir page 36
Adresse : 29, rue Vivienne, 75002
Téléphone : 42 33 39 31
Métro : Bourse
Heures d'ouverture : 11 h à 15 h 30 et 19 h à 2 h du matin tous les jours.

LE GRAND VÉFOUR

Voir page 26
Adresse : 17, rue de Beaujolais
Téléphone : 42 96 56 27
Métro : Palais-Royal
Heures d'ouverture : 12 h 30 à 14 h et 19 h 30 à 21 h 30 lun.-ven., 19 h 30 à 21 h 30 sam.

HÔTELS

HÔTEL CRILLON

Voir page 38
Adresse : 10, place de la Concorde, 75008
Téléphone : 42 65 24 24
Métro : Concorde
Heures d'ouverture : restaurant Les Ambassadeurs ouvert tous les jours de 7 h à 10 h 30, de 12 h à 14 h 30 et de 19 h à 22 h 30 ; salon des Aigles pouvant être loué.

Bâtiment construit pour être une demeure privée en 1775-1777 ; extérieur dessiné par Jacques-Ange Gabriel ; décoration intérieure confiée à Pierre-Adrien Pâris ; occupé en premier lieu par le duc d'Aumont ; acheté en 1788 par le comte de Crillon ; confisqué sous la Révolution et converti ensuite en hôtel ; rendu aux héritiers de Crillon après la Restauration en 1820 ; rénové en 1869 environ puis en 1894-1896 ; entièrement transformé en 1907, après avoir été vendu à la Société des Grands Magasins et Hôtels du Louvre ; ouverture de l'Hôtel Crillon en 1909 après de profondes transformations dues à l'architecte Destailleurs ; vestiges de la décoration du XVIIIe siècle, dont le salon des Aigles, et superbe restaurant datant de 1908.

GRAND HÔTEL

Voir page 39
Adresse : 2-6, rue Scribe, 75009
Téléphone : 42 68 12 13
Métro : Opéra
Heures d'ouverture : salle des Fêtes généralement fermée aux visiteurs mais pouvant être louée.

Construit en 1861-1862 pour Péreire et Co par un groupe d'architectes dirigé par Armand. Nombreuses transformations, mais la somptueuse salle des Fêtes demeure intacte.

THÉÂTRES ET CINÉMAS

THÉÂTRE DU CONSERVATOIRE

Voir page 45
Adresse : 2, rue du Conservatoire, 75009
Téléphone : 42 46 12 91
Métro : Cadet / Rue-Montmartre

Construit en 1811 d'après les dessins de l'architecte Delannoy pour abriter les conservatoires nationaux de musique et d'art dramatique ; intérieur entièrement redécoré en 1866 ; abandonné par les conservatoires en 1909 et converti en salle de concerts publics ; réoccupé par le Conservatoire d'art dramatique en 1947 ; actuellement en cours de restauration.

THÉÂTRE DAUNOU

Voir page 41
Adresse : 9, rue Daunou, 75002
Téléphone : 42 61 52 12
Métro : Opéra
Construit en 1921 d'après les dessins de l'architecte A. Bluysen ; intérieur décoré par la société Jansen sous la direction d'Armand Rateau ; endommagé lors d'un incendie en 1971 mais restauré par la suite ; belle décoration d'époque dans la salle et les foyers.

THÉÂTRE GRÉVIN

Voir page 46
Adresse : musée Grévin, 10, boulevard Montmartre, 75009
Téléphone : 47 70 85 00
Métro : Rue-Montmartre
Construit en 1900 d'après les dessins d'Antoine Bourdelle avec des peintures décoratives dues à Chéret ; appelé autrefois « Théâtre Joli » ; rebaptisé en 1905 du nom du directeur artistique de l'époque.

THÉÂTRE DE L'OPÉRA

Voir page 40
Adresse : place de l'Opéra, 75009
Téléphone : 47 42 57 50
Construit entre 1862 et 1875 sous la direction de l'architecte Charles Garnier ; intérieurs spectaculaires décorés par de nombreux artistes et artisans de renom ; plafond de la salle peint par Marc Chagall en 1964.

THÉÂTRE DE L'OPÉRA-COMIQUE

Voir page 42
Adresse : 5, rue Favart, 75002
Téléphone : 42 96 12 20
Métro : Richelieu-Drouot
Construit en 1893-1898 d'après les dessins de Stanislas Louis Bernier ; opulent intérieur décoré par des artistes et artisans de renom ; restauré en 1967 ; à voir : le hall d'entrée, l'escalier d'honneur, l'avant-foyer, le grand foyer et la salle.

LA PAGODE

Voir page 43
Adresse : 57, rue de Babylone, 75007
Téléphone : 47 05 12 15
Métro : Saint-François-Xavier

Véritable pagode japonaise, transportée par bateau jusqu'en France et reconstruite sur le site actuel en 1896 par l'architecte Alexandre Marcel ; la structure d'origine (XIXe siècle) est agrémentée d'ornements de style oriental et de tableaux de Benet ; ancienne maison de plaisir convertie en cinéma en 1931 ; restaurée en 1973.

THÉÂTRE DU PALAIS-ROYAL

Voir page 44
Adresse : 38, rue de Montpensier, 75001
Téléphone : 42 97 59 76
Métro : Palais-Royal
Occupe l'angle nord-ouest du Palais-Royal, édifié en 1781-1784 d'après les dessins de Victor Louis ; le dernier d'une longue série de théâtres construits à cet emplacement ; bâtiment actuel dessiné par Paul Sédille en 1880 env. et restauré par Henri Bernouville en 1905 ; salle et foyer au premier étage pratiquement intacts.

LE RANELAGH

Voir page 47
Adresse : 5, rue des Vignes, 75016
Téléphone : 42 88 64 44
Métro : La-Muette
Music-hall néo-Renaissance construit en 1890 sur l'emplacement d'un théâtre privé érigé au XVIIIe siècle sur les terres du château de Boulainvilliers ; appelé autrefois le Théâtre Mors, du nom de son fondateur Louis Mors ; fermé au début de la Première Guerre mondiale et vendue par les héritiers de Mors en 1931 à une société immobilière ; miraculeusement sauvé de la démolition et converti en cinéma / théâtre ; foyer en sous-sol bien préservé, avec cheminée de style Henri II et bancs sculptés, donnant accès à la somptueuse salle.

LE REX

Voir pages 48-49
Adresse : 1, boulevard Poissonnière, 75002
Téléphone : 42 33 40 49
Métro : Bonne-Nouvelle / Rue-Montmartre
Cinéma au décor grandiose construit en 1932 d'après les dessins de John Eberson et Auguste Bluysen ; réquisitionné par les Allemands sous l'Occupation et utilisé pour passer des films de propagande nazie ; classé en 1982.

MAISONS PARTICULIÈRES

HÔTEL DE BOURRIENNE

Voir frontispice et pages 50-51
Adresse : 58, rue d'Hauteville, 75010
Téléphone : 47 70 51 14
Métro : Bonne-Nouvelle / Château-d'Eau
Heures d'ouverture : 14 h à 16 h sam. et dim. et sur rendez-vous ; les intérieurs peuvent être loués.
Construit en 1787 env. ; architecte inconnu ; intérieur redécoré en 1793 env. par François-Joseph Bélanger, architecte de Bagatelle (voir Musées) et du lycée Saint-James (voir Écoles et Lycées) ; autres transformations vers 1801 sous la direction de Lecomte et à nouveau vers 1900, date à laquelle fut ajouté un étage où fut aménagé un atelier d'artiste Art Nouveau ; parmi les occupants de marque, Fortunée Hamelin, célèbre courtisane du Premier Empire et amie intime de l'impératrice Joséphine, Louis-Antoine Fauvelet de Charbonnière de Bourrienne, camarade d'école et premier secrétaire de Napoléon, et Charles Tuleu (grand-oncle de l'actuel propriétaire), directeur d'une imprimerie fondée par Balzac.

HÔTEL DE FIEUBET

Voir page 58
Adresse : 10, rue des Lions-Saint-Paul, 75004
Escalier généralement accessible depuis la cour qui donne sur la rue.

HÔTEL GOUFFIER DE THOIX

Voir page 52
Adresse : 56, rue de Varenne, 75007
Fermé aux visiteurs.
Construit en 1719-1727 par l'entrepreneur Baudouin pour la marquise de Thoix ; occupé au XVIIIe siècle par l'homme d'État Maupeou et au XXe siècle par le poète Aragon ; maison divisée en appartements privés et bureaux gouvernementaux ; intérieur modernisé, à l'exception d'une remarquable suite de salons d'époque au rez-de-chaussée du corps de logis.

HÔTEL JULES HARDOUIN-MANSART

Voir page 53
Adresse : 28, rue des Tournelles, 75004
Fermé aux visiteurs.
Construit entre 1674 et 1685 par l'architecte Jules Hardouin-Mansart, qui l'occupa jusqu'à sa mort en 1708 ; intérieur décoré de plafonds peints attribués à Le Brun, Mignard, Lafosse et Allegrain ; occupé par les descendants de Mansart jusqu'en 1767 où il fut vendu à la duchesse de Mouchy, dame d'honneur de la reine Marie Leczynska, puis de Marie-Antoinette ; vendu en 1777 et reste depuis cette date la propriété privée de particuliers.

MAISON OPÉRA

Voir page 56
Adresse : 5, rue du Docteur-Lancereaux, 75008
Téléphone : 45 62 77 04
Métro : Miromesnil
Heures d'ouverture : lun.-ven. sur rendez-vous ; intérieurs pouvant être loués.
Commencé en 1867 pour le marquis de Luzarches d'Azay ;

architecte inconnu, mais conception traditionnellement attribuée à Charles Garnier ; maison vendue avant d'être achevée au baron de Rouvre en 1871, puis en 1890 à la marquise de Moustier et en 1906 au Dr Eugène Dupeyroux ; toujours entre les mains de la même famille ; remarquable suite d'intérieurs datant de la fin du XIXe siècle de styles allant du néo-Renaissance au néo-Louis XVI.

HÔTEL DE SALM-DYCK

Voir page 57
Adresse : 97, rue du Bac, 75007
Fermé aux visiteurs.

Construit vers 1722 pour Pierre-Henri Le Maistre ; architecte inconnu ; propriété privée jusqu'en 1793, date à laquelle il fut confisqué par le Gouvernement révolutionnaire ; acheté en 1809 par le prince Joseph de Salm-Dyck ; entièrement redécoré de 1809 à 1811 sous la direction de l'architecte Antoine Vaudoyer ; vendu en 1824 puis divisé en appartements, dont l'un a conservé sa décoration d'origine du Premier Empire.

67, BD RASPAIL

Voir page 59
Adresse : 67, bd Raspail, 75006
Hall d'entrée visible à toute heure à travers la porte d'entrée vitrée. Pour visiter les autres parties de l'immeuble, adresser une demande écrite au gérant.

MAISON DE VERRE

Voir page 60
Adresse : 33, rue Saint-Guillaume, 75007
Fermée aux visiteurs.

CLUBS ET ASSOCIATIONS

ASSOCIATION POUR LA SAUVEGARDE DE PARIS
(Hôtel de Beauvais)

Voir page 68
Adresse : 68, rue François-Miron, 75004
Métro : Saint-Paul
Actuellement en cours de restauration.

Construit en 1655-1658 par Antoine Le Paultre ; transformé en 1704 env., peut-être par Robert de Cotte ; vandalisé à la Révolution, puis confisqué par l'État et vendu ; acheté par la suite par la Ville de Paris.

CHAMBRE DE COMMERCE ET D'INDUSTRIE DE PARIS

Voir page 69
Adresse : hôtel Potocki, 27, avenue de Friedland, 75008
Téléphone : 42 89 70 00
Métro : Charles-de-Gaulle-Étoile
Heures d'ouverture : visites guidées par CNMSH sam. ; téléphoner pour information.

Somptueuse demeure construite à partir de 1857 env. par l'architecte Renaud pour le comte polonais Grégoire Potocki ; maison agrandie et redécorée dans le style Louis XIV en 1881 sous la direction de l'architecte Jules Reboul pour Félix-Nicolas, le fils de Potocki ; transmise en 1921 au comte Alfred Potocki et vendue en 1923 à la chambre de commerce et d'industrie ; agrandie en 1925-1927 par les architectes Viard et Dastugue pour l'aménagement, entre autres, d'une salle des fêtes, décorée par Ruhlmann ; hall d'entrée, salles de réception et certains bureaux (notamment celui du directeur, ancienne chambre de la princesse Pignatelli) bien préservés.

FONDATION NATIONALE DES ARTS GRAPHIQUES ET PLASTIQUES
(Hôtel de la baronne Salomon de Rothschild)

Voir page 63
Adresse : 11, rue Berryer, 75008
Téléphone : 45 63 59 02
Métro : Ternes / George-V
Expositions temporaires, mais le cabinet des Curiosités n'est généralement pas ouvert aux visiteurs.

Construit en 1872-1878 pour la veuve du baron Salomon de Rothschild ; commencé d'après les dessins de Léon Ohnet et achevé après sa mort par son élève Justin Ponsard ; intérieurs décorés par le peintre Léopold de Montignon ; maison léguée par la baronne de Rothschild à l'État français pour en faire un centre artistique administré par le ministre de l'Éducation ; mobilier légué à différents musées nationaux ; occupé depuis 1976 par la Fondation des arts graphiques et plastiques ; intérieur profondément transformé et modernisé à l'exception du remarquable cabinet des Curiosités, pratiquement inchangé depuis les années 1870.

FONDATION LE CORBUSIER
(Villa La Roche)

Voir page 61
Adresse : 10, square du Docteur-Blanche, 75016
Téléphone : 42 88 41 53
Métro : Jasmin
Heures d'ouverture : 10 h à 12 h 30 et 13 h 30 à 18 h lun.-ven. ; fermeture à 17 h ven.

Villa moderne, dessinée et construite par Le Corbusier en 1923-1925 pour le collectionneur d'art moderne Raoul La Roche ; contiguë à la villa Jeanneret-Raaf (1923-1925), également occupée par la Fondation Le Corbusier mais ordinairement fermée aux visiteurs ; peu de mobilier, mais architecture et agencements intacts ; hall d'entrée remarquable : jeu ingénieux de passerelles, de balcons et d'escaliers, et galerie de peinture en mezzanine.

FONDATION PAUL-LOUIS WEILLER
(Hôtel Amelot de Bisseuil ou hôtel des Ambassadeurs de Hollande)

Voir page 62
Adresse : 47, rue Vieille-du-Temple, 75004
Téléphone : 42 78 14 40
Métro : Hôtel-de-Ville / Saint-Paul
Fermé aux visiteurs.

Construit entre 1657 et 1660 d'après les plans de Pierre Cottard. Très remanié en 1759 sous la direction de l'architecte Le Tellier, assisté de Guibert. Saccagé et laissé à l'abandon après la Révolution. Classé monument historique et restauré en 1926. Les travaux de restauration ont repris en 1951 et durent encore. La décoration du XVIIe siècle subsiste dans la galerie de Psyché et la chambre à l'italienne ; le salon de Flore est décoré de boiseries XVIIe récupérées dans d'autres parties de la maison et le plafond fut peint par Vien, maître de David ; on retrouve un mélange similaire de décorations XVIIe et XVIIIe dans le Grand Cabinet contigu.

INSTITUT PASTEUR

Voir pages 66-67
Adresse : 25, rue du Docteur-Roux, 75015
Téléphone : 45 68 80 00
Métro : Pasteur
Heures d'ouverture : 14 h à 17 h 30 lun.-ven. ; visites guidées organisées sur rendez-vous.

Bâtiment de style Louis XIII édifié en 1887-1888 comme résidence et institut de recherche pour Louis Pasteur ; les appartements privés de Pasteur sont restés intacts depuis la mort de sa veuve en 1910 ; légué à l'État par les héritiers ; ouvert au public comme musée en 1936 ; à voir également : la Grande Bibliothèque et la chapelle Funéraire.

TRAVELLERS CLUB
(Hôtel de Païva)

Voir page 64
Adresse : 25, avenue des Champs-Élysées, 75008
Téléphone : 43 59 75 00
Métro : Franklin-Roosevelt

Heures d'ouverture : visites guidées le dim. de 9 h 30 à 11 h.

Palais franco-italien néo-Renaissance construit en 1855-1866, par l'architecte Pierre Manguin pour la marquise de Païva ; vendu par ses héritiers et converti en restaurant ; occupé depuis 1902 par le Travellers Club ; mobilier dispersé au XIXe siècle dans une vente aux enchères (certaines pièces achetées par le musée des Arts décoratifs), mais décoration architecturale intacte ; suite de somptueux intérieurs Second Empire décorés par les meilleurs artistes et artisans de l'époque.

ÉCOLES ET LYCÉES

ÉCOLE NORMALE SUPÉRIEURE DES BEAUX-ARTS

Voir page 73
Adresse : 17, quai Malaquais, 75006
Téléphone : 42 60 34 57
Métro : Saint-Germain-des-Prés
Heures d'ouverture : visites guidées par le CNMSH et par les Beaux-Arts. Téléphoner pour les horaires.

Ancienne Académie de Peinture et de Sculpture, fondée en 1648 ; établie sur le site actuel en 1816 ; vaste ensemble de bâtiments contenant de beaux intérieurs, parmi lesquels : la Chapelle des Louanges, chapelle du début du XVIIe siècle avec une copie du Jugement Dernier de Michel-Ange par Sigalon ; l'hôtel de Chimay, demeure commencée en 1630 d'après les dessins de François Mansart avec une décoration Empire réalisée en 1808 pour Stéphanie de Beauharnais ; le palais des Études, principal bâtiment scolaire, commencé en 1820 d'après les dessins de Debret et achevé en 1839 par Dubas, avec une décoration intérieure montrant l'influence du *cinquecento*, notamment dans les galeries voûtées au premier étage, décorées de fresques datant de 1835-1840, inspirées par les loges du Vatican peintes par Raphaël et ses disciples ; l'amphithéâtre, décoré d'une fresque par Delaroche datant de 1841-1842 et représentant « Le Génie des Arts distribuant des couronnes ».

LYCÉE CHARLEMAGNE

Voir page 72
Adresse : 101, rue Saint-Antoine, 75004
Téléphone : 42 72 19 21
Métro : Saint-Paul
Habituellement fermé aux visiteurs.

Ancienne maison-mère de la Compagnie de Jésus ; bâtiment commencé en 1640 et attribué à l'architecte et père jésuite frère Turmel ; occupé par l'ordre de Sainte-Catherine après l'expulsion hors de France des jésuites en 1762 ; réquisitionné par l'État sous la Révolution et converti en 1795 en une école, baptisée lycée Charlemagne en 1804 ; intérieur modernisé, mais certaines décorations du XVIIe siècle subsistent, notamment le plafond au-dessus de l'escalier principal peint par Gherardini et représentant l'Apothéose de Saint Louis (restauré) ; décoration XVIIIe dans la bibliothèque et plusieurs salles de classe de la fin du XIXe siècle bien préservées, la plus intéressante étant la salle Joffre.

ÉCOLE NORMALE DE MUSIQUE ALFRED CORTOT

Voir pages 75 à 77
Adresse : 114 *bis,* boulevard de Malesherbes, 75017
Téléphone : 47 63 85 72
Métro : Malesherbes
Habituellement fermée aux visiteurs, mais hall d'entrée accessible de la rue.

Hôtel particulier néo-Renaissance construit vers 1881 d'après les dessins de l'architecte L. Cochet ; occupé depuis 1924 par une école de musique ; trois étages d'intérieurs bien préservés de différents styles, le plus spectaculaire étant le hall d'entrée et les salons de style XVIIIe.

LYCÉE HENRI-IV

Voir page 74
Adresse : 23, rue Clovis, 75005
Téléphone : 46 34 02 20
Métro : Cardinal-Lemoine
Heures d'ouverture : visites guidées le dim. après-midi (adresser une demande écrite).

École secondaire d'État occupant l'ancienne abbaye de Sainte-Geneviève ; fondée en 1795 et appelée initialement École centrale du Panthéon ; nom modifié selon les régimes politiques successifs en collège Napoléon (1804), collège Henri-IV (1815), lycée Corneille (1848), lycée Napoléon de nouveau (1849), lycée Corneille de nouveau (1870), et finalement lycée Henri-IV (1873) ; parmi les anciens élèves les plus illustres figurent cinq fils du roi Louis Philippe, le poète romantique Alfred de Musset, l'architecte « gothicisant » Viollet-Le-Duc et le baron Haussmann, célèbre urbaniste ; détails architecturaux d'époque dont les vestiges d'une cuisine et d'un réfectoire du XIIIe siècle, un magnifique escalier de pierre XVIIIe et surtout une coupole baroque peinte par Restout vers 1730 qui représente le Triomphe de Saint Augustin.

LYCÉE SAINT-JAMES

Voir pages 70-71
Adresse : Folie Saint-James, 34, avenue de Madrid, Neuilly/Seine
Téléphone : 47 47 79 04
Métro : Pont-de-Neuilly
Heures d'ouverture : visites guidées de la maison sam. et dim. après-midi (adresser une demande écrite) ; parc ouvert de 14 h à 17 h sam. et de 8 h à 17 h dim.

École secondaire d'État logée dans une villa néo-classique bâtie en 1775-1780 d'après les dessins de François-Joseph Bélanger ; plusieurs intérieurs d'époque bien préservés, notamment l'escalier et le hall d'entrée peint en trompe-l'œil, une salle de classe du rez-de-chaussée (ancienne bibliothèque), le bureau du directeur et la pièce adjacente, ainsi que les intérieurs peints en faux marbre et de galets du Grand Rocher dans le parc.

BIBLIOTHÈQUES ET ARCHIVES

ARCHIVES NATIONALES

Adresse : hôtel de Soubise, 60, rue des Francs-Bourgeois, 75004
Téléphone : 42 77 11 30
Métro : Rambuteau
Heures d'ouverture : appartements du premier étage : 14 h à 17 h tous les jours sauf mar. ; appartements du rez-de-chaussée sur rendez-vous.

Bâtiment construit en 1705-1709 d'après les dessins de Pierre-Alexis Delamair pour François de Rohan, prince de Soubise ; entièrement redécoré en 1732-1739 par Germain Boffrand, assisté des peintres Boucher, Van Loo, Trémolières, Restout et Natoire, et des sculpteurs Lemoine et les frères Adam ; réquisitionnée par l'État sous la Révolution pour divers usages ; acquise par l'État en 1808 et donnée aux Archives nationales fondées en 1790 ; profondément transformée au XIXe siècle mais beau décor rococo par Boffrand dans les anciens appartements du prince et de la princesse de Soubise au rez-de-chaussée et au premier étage.

BIBLIOTHÈQUE DE L'ARSENAL

Voir page 85
Adresse : 1, rue de Sully, 75004
Téléphone : 42 77 44 21
Métro : Sully-Morland
Heures d'ouverture : visites guidées par le CNMSH ; téléphoner pour information.

Ancienne fabrique de canons et de poudre à canon couvertie

au début du XIXe siècle en bibliothèque ; bâtiment initial édifié d'après les dessins de Philibert Delorme vers 1563 ; agrandie et transformée vers 1599-1602 par Marceau Jaquet, vers 1632-1637 (architecte inconnu), en 1715-1736 par Germain Boffrand, vers 1745 par Dauphin et en 1856-1876 par Théodore Labrouste ; détails architecturaux datant de chaque phase de la construction.

BIBLIOTHÈQUE MAZARINE

Voir pages 81 à 83
Adresse : palais de l'Institut, 23, quai Conti, 75006
Téléphone : 43 54 89 48 / 43 26 39 16
Métro : Saint-Michel
Heures d'ouverture : ouverte aux lecteurs de 10 h à 18 h lun.-ven. ; visites guidées lun.-ven. accordées sur demande écrite.

Bibliothèque située dans une aile du palais de l'Institut, construit en 1663-1684 d'après les dessins de François d'Orbay et Louis Le Vau, ancien Collège des Quatre Nations, école fondée en 1661 par le cardinal Mazarin ; abrite la collection de livres de Mazarin, comprenant des livres et des manuscrits, transférée ici en 1668 ; principale salle de lecture comprenant des fragments de la bibliothèque de Mazarin construite vers 1649 par François Mansart et située autrefois dans l'hôtel de Tubeuf, occupé aujourd'hui par la Bibliothèque nationale ; plafond et galerie modifiés vers 1739 mais par ailleurs peu de transformations depuis le XVIIe siècle ; escalier impressionnant datant de 1824 env. d'après les dessins de Léon Biet.

MINUTIER CENTRAL
(Hôtel de Rohan)

Voir page 79
Adresse : 87, rue Vieille-du-Temple, 75004
Téléphone : 40 27 61 78
Métro : Rambuteau
Fermé aux visiteurs en dehors des expositions temporaires.

Construit en 1705-1708 par Pierre-Alexis Delamair, architecte de l'hôtel de Soubise tout proche (voir Archives nationales) ; intérieur redécoré en 1749-1752 sous la direction de l'architecte Saint-Martin ; occupé initialement par Armand-Gaston-Maximilien de Rohan-Soubise, nommé en 1712 cardinal de Rohan ; transmis par héritage au cardinal Louis-René-Édouard de Rohan (1779), impliqué dans l'affaire des diamants ; maison réquisitionnée par l'État sous la Révolution et dépouillée de son contenu ; aurait abrité un entrepôt de poudre à canon puis un club révolutionnaire dirigé par Tallien ; rendu aux héritiers de la famille de Rohan après la Révolution et vendu en 1807 au promoteur immobilier Chandor ; acheté à ce dernier par l'État en 1808 et utilisé comme imprimerie jusqu'en 1925 (voir Banque de France / galerie Dorée) ; entièrement transformé au XIXe siècle ; alloué au Minutier central (archives des études notariales) en 1927 ; restauré en 1927-1937 sous la direction de l'architecte Robert Danis et à nouveau en 1967 ; à voir surtout : la salle de Compagnie (1750-1751), avec des lambris, dessus-de-porte, moulures et cheminée d'époque, le *Cabinet des Singes* (1749-1750), décoré par le peintre Christophe Huet et le *Cabinet des Fables*, avec des lambris laqués verts ornés de médaillons sculptés et dorés représentant des scènes des Fables de La Fontaine (intérieur initialement situé dans l'hôtel de Soubise, démonté en 1859 et reconstitué sur le site actuel en 1936-1937).

BIBLIOTHÈQUE NATIONALE

Voir page 78
Adresse : 58, rue de Richelieu, 75001
Téléphone : 47 03 81 26
Métro : Palais-Royal / Bourse
Heures d'ouverture : visites guidées par le CNMSH ; téléphoner pour information.

Ancienne Bibliothèque du roi, fondée par Charles V au XIVe siècle, voire plus tôt sous le règne de Saint Louis (1236-1270), et établie sur le site actuel en 1721 ; ensemble de bâtiments et d'intérieurs datant du XVIIe au XXe siècle ; à voir surtout : la Galerie Mazarine et la Galerie Mansart, galeries jumelles bâties en 1644-1645 par François Mansart comme extension de la résidence de Mazarin (hôtel de Tubeuf) et destinées à abriter la précieuse collection de peintures, de tapisseries, de sculptures, de mobilier, etc. du cardinal ; fresques et plafond peints par Grimaldi et Romanelli, dont plusieurs paysages en trompe-l'œil sur les embrasures de fenêtres et sur les murs ; grande salle de lecture construite vers 1863 d'après les dessins de Henri Labrouste, architecte de la bibliothèque Sainte-Geneviève (voir ci-dessous).

BIBLIOTHÈQUE SAINTE-GENEVIÈVE

Voir page 80
Adresse : 10, place du Panthéon, 75005
Téléphone : 43 29 61 00
Métro : Luxembourg
Heures d'ouverture : salle de lecture de 10 h à 22 h lun.-sam. ; pas de visites.

BANQUES ET BUREAUX

BANQUE DE FRANCE
(Hôtel Gaillard)

Voir page 86
Adresse : 1, place du Général Catroux, 75017
Téléphone : 42 27 78 14
Métro : Malesherbes
Heures d'ouverture : hall d'entrée et grande salle accessibles aux heures d'ouverture de la banque ; autres intérieurs ordinairement fermés aux visiteurs.

Construit vers 1878-1884 sous la direction de l'architecte Jules Février pour le banquier et collectionneur grenoblois le baron Émile Gaillard ; vendue en 1904 à la Fédération nationale des employés du commerce ; occupé par la Banque de France depuis 1919, date à laquelle il fut restauré et agrandi par l'architecte Defrasse et la société de décoration Jansen ; décoration architecturale presque entièrement intacte.

BANQUE DE FRANCE
(Hôtel de Toulouse)

Voir page 89
Adresse : 39, rue Croix-des-Petits-Champs, 75001
Téléphone : 42 92 24 13
Métro : Bourse / Palais-Royal
Heures d'ouverture : galerie Dorée ouverte un jour en septembre : visites occasionnelles pour des groupes ; téléphoner pour plus ample information.

Construit en 1635-1643 d'après les dessins de François Mansart pour le marquis de La Vrillière ; acheté en 1713 par le comte de Toulouse, fils naturel de Louis XIV, et profondément transformé en 1718-1719 sous la direction de Robert de Cotte ; légué par Toulouse à son fils, le duc de Penthièvre, en 1737 ; réquisitionnée par le Gouvernement révolutionnaire en 1793, abrita l'Imprimerie nationale jusqu'en 1808 ; occupé depuis par la Banque de France.

SFICA
(Société française des Ingénieurs-Conseils en Aménagement)

Voir page 90
Adresse : hôtel Botterel-Quintin ou de La Corée, 44, rue des Petites-Écuries, 75010
Téléphone : 42 46 92 08
Ordinairement fermé aux visiteurs.

Hôtel particulier de style néo-classique construit entre 1780 et 1783 pour Charles Audin de La Corée par Pérard de Montreuil ou Dubois-Ters ; acheté en 1785 par le comte de Botterel-Quintin ; occupé en 1807 par Marie Louise-Jeanne Klein, future duchesse d'Aumont, et depuis 1972 par la SFICA ; à voir surtout : hall d'entrée ; salle du conseil (ancienne salle à manger) ; bureau du directeur (ancien salon) ; cabinet-bureau du premier étage.

SICOMI DE PARIS
(Société immobilière du Commerce et de l'Industrie)

Voir page 88
Adresse : hôtel Bony, 32, rue de Trévise, 75009
Téléphone : 47 70 00 30
Métro : Cadet
Intérieur ordinairement fermé aux visiteurs, mais décoration du rez-de-chaussée visible de la cour en contrebas.

Ancien hôtel particulier construit de 1826 à 1828 d'après les plans de Jules de Joly, élève de Percier ; occupé à l'origine par le promoteur René Bony, puis par Sauvaise de Barthélémy (1833-1834), Jean Raphaël Bleuart (1834-1853), le banquier espagnol José-Xavier de Uribarren (1854-1862) et Louis-Marc Chabrier et ses héritiers (1862-1875) ; acheté en 1875 par la banque Claude Lafontaine et en 1931 par la Banque syndicale de Paris ; divisé ensuite puis laissé à l'abandon ; classé monument historique dans les années 1970 ; occupé depuis 1987 par le SICOMI ; intérieur très transformé mais belle décoration d'époque dans le hall d'entrée et le salon.

SOCIÉTÉ IMMOBILIÈRE DE LA CHARCUTERIE FRANÇAISE

Voir page 87
Adresse : 10, rue Bachaumont, 75002
Téléphone. : 42 21 37 26
Métro : Sentier
Fermée aux visiteurs.

MUSÉES

MUSÉE DES ARTS AFRICAINS ET OCÉANIENS

Voir page 96
Adresse : 293, avenue Daumesnil, 75012
Téléphone : 43 43 14 54
Métro : Porte-Dorée
Heures d'ouverture : 10 h à 12 h et 13 h 30 à 17 h 30 lun.-sam. ; 12 h 30 à 18 h dim ; fermé mar.

Construit à l'occasion de l'exposition coloniale de 1931 ; inauguré comme musée de l'histoire coloniale française en 1936 ; réouverture sous l'appellation actuelle en 1960 ; bâtiment dessiné par les architectes Albert Laprade et Léon Jaussély ; façades décorées de bas-reliefs allégoriques par le sculpteur Alfred Janniot ; intérieur bien préservé comprenant : le salon Paul Reynaud ; le salon Maréchal Lyautey ; salle des fêtes ornée de fresques peintes par Ducos de La Haille.

MUSÉE DES ARTS DÉCORATIFS

Voir page de faux titre
Adresse : 107, rue de Rivoli, 75001
Téléphone : 42 60 32 14
Métro : Tuileries/Palais-Royal
Heures d'ouverture : 12 h 30 à 18 h mer.-sam. ; 11 h à 18 h dim. ; pour les visites guidées téléphoner et demander le poste 926.

Musée consacré à l'histoire des arts décoratifs français du Moyen Âge au XXe siècle ; plusieurs intérieurs reconstitués, le plus remarquable étant l'appartement de Jeanne Lanvin.

MUSÉE CARNAVALET

Voir page 92
Adresse : 23 et 29, rue de Sévigné 75003
Téléphone : 42 72 21 13
Métro : Saint-Paul
Heures d'ouverture : 10 h à 17 h 40 mar.-dim.

Musée consacré à l'histoire de Paris, occupant l'hôtel Carnavalet et l'hôtel Le Peletier de Saint-Fargeau ; hôtel Carnavalet commencé en 1548 et agrandi sous la direction de François Mansart vers 1660 ; restauré et à nouveau agrandi en 1871-1890 et 1907-1914 ; tient son nom de Françoise de Kernevernoy, plus connue sous le nom de Carnavalet, qui acheta cette maison en 1578 ; parmi les autres occupants citons la marquise de Sévigné, qui y résida de 1677 à 1696 ; utilisé comme école en 1814-1866, date à laquelle le bâtiment fut acheté par les autorités municipales et converti en musée ; hôtel Le Peletier de Saint-Fargeau, sobre demeure de la fin du XVIIe siècle bâtie d'après les dessins de l'ingénieur militaire et architecte Pierre Bullet ; occupé ensuite par le martyr de la Révolution française, Louis Michel Le Peletier de Saint-Fargeau ; utilisé comme école en 1803-1863 ; abrita ensuite les bureaux du service postal de Paris ; acheté par la Ville de Paris en 1895 et converti en bibliothèque ; rattaché au musée Carnavalet en 1968 et ouvert récemment au public ; très belle collection de documents retraçant l'histoire de Paris depuis des temps très anciens ; plusieurs intérieurs d'époque reconstitués après avoir été récupérés dans des maisons parisiennes démolies ou transformées, notamment : le cabinet de l'hôtel de Colbert de Villacerf (1660 env.) ; des fresques en trompe-l'œil provenant de l'escalier de l'hôtel de Luynes (1750) ; des lambris et autres fragments provenant du Café militaire de Ledoux (1762) ; un salon de l'hôtel d'Uzès, également de Ledoux (1767) ; un intérieur peint par Boucher, Fragonard et J. B. Huet provenant de la maison du graveur Demarteau (1765 env.) ; intérieurs Art Nouveau du Café de Paris (1899) et du Fouquet's, bijouterie décorée par Mucha (1900) ; la salle de bal de l'hôtel de Wandel.

HÔTEL DE CLUNY

Voir page 93
Adresse : 6, place Paul-Painlevé, 75005
Téléphone : 43 25 62 00
Métro : Cluny-La-Sorbonne / Saint-Michel / Odéon
Heures d'ouverture : 9 h 45 à 12 h 30 et 14 h à 17 h 15 tous les jours sauf mar. ; visites guidées.

Ancienne abbaye construite en 1485-1498 ; cadre du mariage de Jacques V d'Écosse et la fille de François Ier ; extérieur bien préservé mais peu de choses subsistent de la décoration intérieure, hormis dans l'escalier ; importante collection d'objets d'art et de fragments architecturaux du Moyen Âge ; bâtiment adjacent aux ruines des thermes gallo-romains datant du IIIe siècle.

MUSÉE GRÉVIN

Voir pages 98-99
Adresse : 10, boulevard Montmartre, 75009
Téléphone : 47 70 85 00
Métro : Rue-Montmartre
Heures d'ouverture : 13 h à 18 h et pendant les vacances scolaires 10 h à 18 h tous les jours.

Musée de cires fondé en 1880 par le patron de presse Arthur Meyer ; tient son nom d'Alfred Grévin, nommé directeur artistique en 1881 ; bâtiment édifié en 1881-1882 d'après les dessins de l'architecte Esnault-Pelterie ; plusieurs intérieurs insolites, notamment : la salle des Colonnes, galerie Louis XIV ornée d'une colonnade se terminant par une rotonde à l'italienne rococo, rehaussée de mosaïques et de peintures allégoriques au plafond ; le hall d'entrée, tapissé de miroirs et dominé par un buste de Grévin ; le palais des Mirages.

MUSÉE GUSTAVE-MOREAU

Voir page 100
Adresse : 14, rue de La-Rochefoucauld, 75009
Téléphone : 48 74 38 50
Métro : Trinité
Heures d'ouverture : 10 h à 17 h tous les jours sauf mar. ; conférences mer. et sam.

Maison et atelier datant de la fin du XIXe siècle dessinés par Albert Lafon pour le peintre symboliste Gustave Moreau ; bâtiment légué par Moreau à l'État français, comprenant les vestiges d'un édifice plus ancien abritant un appartement occupé par les parents de l'artiste à partir de 1852 ; immense atelier garni des œuvres de Moreau ; remarquable escalier en colimaçon avec supports et balustrade en fer.

TOUR DE JEAN-SANS-PEUR

Voir page 91
Adresse : 20, rue Étienne-Marcel, 75002

Métro : Étienne-Marcel
Heures d'ouverture : actuellement fermé pour restauration ; réouverture prévue à l'été 1990.

Tour fortifiée construite en 1408 pour Jean, duc de Bourgogne, connu sous le nom de Jean-sans-Peur ; seul vestige d'un immense palais médiéval, l'hôtel de Bourgogne, commencé en 1270 ; la base de la tour fut construite sur un rempart érigé sous le règne de Philippe Auguste en 1190 ; escalier en spirale de 140 marches ; remarquable plafond sculpté de branches de chêne, rare exemple de sculpture médiévale appliquée à la décoration intérieure.

HÔTEL DE LAUZUN

Voir pages 94-95
Adresse : 17, quai d'Anjou, 75004
Téléphone : 43 54 27 14
Métro : Pont-Marie / Sully-Morland
Heures d'ouverture : avril à octobre, sam. et dim. après 10 h (téléphoner pour connaître l'heure de fermeture) ; novembre à mars, visites possibles par le CNMSH ; visites guidées sur rendez-vous.

Remarquable demeure du milieu du XVIIe siècle avec suite d'intérieurs ayant gardé, pour la plupart, leur décoration d'origine ; construit en 1656-1657 et restauré plusieurs fois, notamment vers 1849 et vers 1905 ; occupé initialement par le fournisseur des armées Gruyn des Bordes ; tient son nom du duc de Lauzun, qui acheta cette maison en 1682 ; Charles Baudelaire et Théophile Gautier y furent locataires dans les années 1840 ; acheté par les autorités municipales en 1928 et converti en musée.

AMBASSADES

AMBASSADE DE GRANDE-BRETAGNE
(Résidence de l'ambassadeur)

Voir pages 102-103
Adresse : hôtel de Charost, 39, rue du Faubourg-Saint-Honoré, 75008
Téléphone : 42 66 91 42
Métro : Miromesnil
Ordinairement fermée aux visiteurs.

Construit de 1722 à 1725 d'après les dessins de l'ingénieur militaire et cartographe Antoine Mazin, transformé et rénové à plusieurs reprises par P.F.L. Fontaine (1803-1805), L.T.J. Visconti (1825), Decimus Burton (années 1840), J.I. Hittorff (1851), Vye Parminter et Georges Hoertschel (1904), Georges Geoffroy, Christian Bérard et Charles de Beistegui (1945) ; nombreux occupants de marque, dont Armand de Béthune, second duc de Charost et ses descendants (1725-1785), Lord Whitworth, ambassadeur de Grande-Bretagne au moment de la Paix d'Amiens (1802-1803), Pauline Borghese (1803-1814), le duc de Wellington (1814) et de nombreux diplomates britanniques.

AMBASSADE D'ITALIE
(Résidence de l'ambassadeur)

Voir pages 104-105
Adresse : hôtel de Boisgelin, 47, rue de Varenne, 75007
Téléphone : 45 44 38 90
Métro : Varenne
Ordinairement fermée aux visiteurs.

Construit en 1732-1733 pour le général Hensch de Janvry d'après les dessins de Jean-Sylvain Cartaud ; occupé en 1783-1792 par l'archevêque d'Aix, Jean de Dieu Raymond de Boisgelin (d'où son nom) ; transformations en 1783 et vers 1807 ; intérieur profondément modifié et redécoré sous la direction de Henri Parent vers 1860-1875 pour le duc de Doudeauville, propriétaire à cette époque ; suite d'intérieurs anciens provenant de demeures italiennes démolies, reconstruits par Félix Bruneau et Adolfo Leovi vers 1937, lorsque le bâtiment fut acheté par l'ambassade d'Italie.

AMBASSADE DE POLOGNE
(Résidence de l'ambassadeur)

Voir page 106
Adresse : hôtel de Monaco, 57, rue Saint-Dominique, 75007
Téléphone : 45 51 60 80
Métro : Varenne / Solférino
Ordinairement fermée aux visiteurs.

Construit en 1838 pour le banquier hollandais est collectionneur d'art William Williams Hope ; attribué à l'architecte Achille-Jacques Fédel ; extérieur rappelant l'ancien bâtiment conçu par Brongniart, l'hôtel de Monaco, qui occupait ce site ; intérieur inspiré par les salles d'apparat de Versailles ; maison dépouillée de son contenu après la mort de Hope (1855) et vendue au baron Achille Seillière ; occupée par la princesse de Sagan et ses héritiers de 1873 à 1909 et après 1909 par le marchand d'art Jacques Seligmann ; ambassade de Pologne installée depuis 1937, date à laquelle le bâtiment fut restauré par les architectes Crevel et Dessauer.

AMBASSADE DE LA RÉPUBLIQUE FÉDÉRALE D'ALLEMAGNE
(Résidence de l'Ambassadeur)

Voir pages 107-109
Adresse : hôtel de Beauharnais, 78, rue de Lille, 75007
Téléphone : 45 51 25 60
Métro : Assemblée-Nationale
Heures d'ouverture : 1er et 3e lun. de chaque mois sur rendez-vous ; groupes admis à d'autres horaires sur rendez-vous.

Construit en 1713-1715 pour le marquis de Torcy d'après les dessins de Germain Boffrand ; divisé en appartements vers 1796 ; entièrement transformé et redécoré dans le style Premier Empire sous la direction de l'architecte Nicolas Bataille en 1804-1806 pour Eugène de Beauharnais, beau-fils de Napoléon ; loué à la Légation prussienne en 1816 ; acheté par le roi de Prusse Frédéric-Guillaume en 1818 et restauré ; résidence officielle de la Légation de Prusse en 1821 ; restauré sous la direction de Jacques-Ignace Hittorff en 1830-60 ; légation transformée en ambassade en 1863 ; confisqué par l'État français en 1945 et occupé par des bureaux ministériels ; rendu à la République fédérale d'Allemagne en 1962 et restauré en 1965-1967 par des experts berlinois et les architectes Marc Nebinger et Roland Grohmann.

AMBASSADE D'U.R.S.S.
(Résidence de l'ambassadeur)

Adresse : hôtel d'Estrées, 79, rue de Grenelle, 75007
Téléphone : 45 04 05 50
Métro : Rue-du-Bac
Ordinairement fermée aux visiteurs.

Construit en 1711-1713 d'après les dessins de Robert de Cotte ; entièrement transformé et redécoré dans la seconde moitié du XIXe siècle ; occupé depuis 1864 par l'ambassade de Russie ; parmi les occupants précédents citons la duchesse d'Estrées (1713-1753) ; le duc de Biron (1753-1754) ; la duchesse de Modène (1754-1761) ; le duc de Beuvron et ses héritiers (après 1762) ; le Gouvernement révolutionnaire ; le duc de Feltre (après 1807) ; le comte de Montesquiou (1810) ; et la marquise de Tourzel et ses héritiers (1823-1864).

BÂTIMENTS PUBLICS ET ADMINISTRATIFS

Plusieurs bâtiments publics organisent des journées « portes ouvertes » une journée par an, habituellement en septembre. Se renseigner auprès du Ministère de la Culture, service du Patrimoine, (tél. : 40 15 82 42) ou de la Direction générale des Affaires culturelles d'Ile-de-France (42 25 03 20).

CONSEIL D'ÉTAT

Voir pages 110-111
Adresse : Palais-Royal, place du Palais-Royal, 75001
Métro : Palais-Royal
Ordinairement fermé aux visiteurs.

Occupe une aile du Palais Royal, à l'origine Palais Cardinal, commencé en 1634 pour le cardinal Richelieu ; remanié et agrandi à plusieurs reprises, et en particulier en 1781-84 pour le duc de Choutres, où il fut agrandi pour devenir un ensemble de boutiques, théâtres, appartements et restaurants entourant un jardin ; somptueuse enfilade d'intérieurs conservant des décorations du XVIIIe et XIXe, dont la salle des conflits, l'escalier d'honneur et la chapelle du prince Napoléon.

PALAIS DE L'ÉLYSÉE
(Résidence officielle du président de la République)

Voir page 114
Adresse : 55, rue du Faubourg-Saint-Honoré, 75008
Téléphone : 42 92 81 00
Métro : Miromesnil / Champs-Élysées-Clemenceau
Fermé aux visiteurs.

Somptueux hôtel particulier construit de 1718 à 1722 par l'architecte Claude Armand Mollet, assisté de Jules-Michel-Alexandre Hardouin et des sculpteurs Michel Lange, Louis Herpin et Jean Martin Pelletier ; transformations effectuées par Lassurance vers 1754-1755, Boullée (assisté du sculpteur Cauvet) vers 1773, Pâris vers 1787, Vignon, Lecomte et Thibault (avec la participation de l'ébéniste Jacob-Desmalter) vers 1805, Percier et Fontaine vers 1808-1814, Meunier vers 1848-1852, Lacroix vers 1857-1861 et 1863-1867, Debressenne en 1879 et 1889-1896. Fut occupé par le comte d'Évreux et ses héritiers (1721-1753) ; la marquise de Pompadour (1753-1764) ; le Garde-Meuble de la Couronne (1768) ; le financier Nicolas Beaujon (1773-1786) ; la duchesse de Bourbon (1787-1793) ; le Gouvernement révolutionnaire (1793) ; Joachim et Caroline Murat (1805-1808) ; Napoléon Bonaparte (1809, 1812-1814, et pendant les Cent Jours) ; Joséphine Bonaparte (1810-1812) ; le tsar Alexandre de Russie (1814) ; le duc de Wellington (1815) ; le duc de Berry (1816-1820) ; Napoléon III (1848-1870) ; Thiers (1871). Résidence officielle du président de la République depuis 1874. Décoration datant de presque chaque époque, dont une salle à manger Op'art ajoutée par le président Pompidou en 1972.

MINISTÈRE DES FINANCES

Voir page 116
Adresse : 93, rue de Rivoli, 75001
Téléphone : 42 60 33 00
Métro : Palais-Royal / Louvre
Heures d'ouverture : visites guidées par le CNMSH sam., dim. et jours de fêtes à 17 h.

Construit en 1852-1857 ; commencé d'après les dessins de Visconti ; construction poursuivie et améliorée après la mort de Visconti (1853) par Lefuel ; somptueuse suite de salles de réception ayant gardé le mobilier d'époque ; à voir surtout : le grand salon et la grande salle à manger ; bientôt libéré et récupéré (avec grand plaisir) par le musée du Louvre.

MINISTÈRE DE LA MARINE

Voir page 115
Adresse : 2, place de la Concorde, 75008
Téléphone : 42 60 33 30
Métro : Concorde

Bâtiment édifié en 1768-1774 d'après les dessins de Jacques Ange Gabriel ; décoration intérieure confiée à Potain ; modifications en 1794 ; intérieur profondément transformé et redécoré sous le Second Empire. Occupé initialement par le Garde-Meuble de la Couronne ; récupéré par le ministère de la Marine en 1789-1798.

SÉNAT

Voir page 112
Adresse : palais du Luxembourg, 15, rue de Vaugirard, 75006
Téléphone : 42 34 20 00
Métro : Luxembourg
Visites supprimées depuis 1986 ; reprendront peut-être en juillet 1989.

Construit en 1615-1630 par Salomon de Brosse pour Marie de Médicis sur l'emplacement d'un hôtel particulier du XVIe siècle occupé par le duc de Luxembourg (d'où son nom) ; aile ouest décorée par Rubens avec des scènes de la vie de Marie de Médicis (retirées en 1780 et se trouvant actuellement au Louvre) ; occupé après la mort de Marie de Médicis (1631) par divers membres de la famille royale dont Gaston d'Orléans, la Grande Mademoiselle, la duchesse de Berry et le comte de Provence, futur Louis XVIII ; converti en prison sous la Révolution ; chambre parlementaire depuis le Directoire ; profondément transformé pendant le Consulat (1802-1804) sous la direction de Chalgrin ; chambre à coucher et cabinet de Marie de Médicis démontés après la Restauration (1815-1830) et reconstruits pour former une seule pièce (salle du Livre d'Or de la Prairie) au rez-de-chaussée en utilisant des fragments des appartements d'Anne d'Autriche au Louvre ; bâtiment agrandi et transformé en 1836-1841 par Alphonse de Gisors ; bibliothèque et coupole décorées par Eugène Delacroix en 1840-1846 ; premier étage de la façade nord transformé en 1852-1854 pour former une majestueuse enfilade de pièces s'achevant par la salle du Trône destinée à Napoléon III ; enfilade conçue par Gisors avec des peintures de Henri Lehmann, Jean Aloux et Adolphe Brune.

TOILETTES PUBLIQUES DE LA MADELEINE

Voir page 119
Adresse : place de la Madeleine 75008
Téléphone : société E.S. 46 60 10 93
Métro : Madeleine
Heures d'ouverture : 9 h 30 à 11 h 30 et 12 h 30 à 19 h ; toilettes 2,20 F ; cirage des chaussures 8,80 F (13,20 F pour les bottes).

HÔTEL DE VILLE

Voir page 113
Adresse : place de l'Hôtel-de-Ville, 75004
Téléphone : 42 76 40 40
Métro : Hôtel-de-Ville
Heures d'ouverture : visites guidées à 10 h 30 lun. ; téléphoner à l'avance au 42 76 54 04.

MAIRIE DU Ve ARRONDISSEMENT

Voir page 117
Adresse : 21, place du Panthéon, 75005
Téléphone : 43 29 21 75
Métro : Luxembourg

Bâtiment construit en 1844-1847 pour être la mairie du douzième arrondissement ; occupé depuis 1860 par la mairie du cinquième ; commencé d'après les dessins de François Jean-Baptiste Guenepin ; achevé par Jacques-Ignace Hittorff, secondé par Victor Calliat ; façade copiée sur celle de l'École de droit voisine dessinée par Jacques Ange Gabriel vers 1770 ; bâtiment transformé et agrandi vers 1927-1935 sous la direction de Patouillard-Demoriane pour permettre l'aménagement d'une salle des fêtes ornée de fresques et d'un plafond peints par Gustave Louis Jaulmes et d'un escalier avec une fresque de Henri Martin « La Vie dans les jardins du Luxembourg ».

INDEX

On retrouvera dans cet index la totalité des lieux cités. Les folios en italique renvoient aux illustrations.